Michael Thiel

Die 2 zu 1 – Relationstheorie

BAND A

Mai / Juni 2015 (1. Auflage)

Juli 2015 (2. Auflage)

Mai / Juni / Juli 2016 (3. Auflage)

Inhaltsverzeichnis

Einleitung	4
1 Geheimnisvolle Formel entdeckt	8
2 Die 2 zu 1 – Relationstheorie	13
3 Sprache, Wort, Schrift	24
4 Botschaften in Anagrammen	36
5 Genesis, Schöpfung	56
6 Botschaften und Anleitungen	82
7 Philosophie, Ethik	120
8 Das Gesetz der Anziehung, Chaostheorie	149
9 Glauben, Religion	175
10 Geschichte, Ahnentafel	196

EINLEITUNG

Hallo, liebe Leute, es freut mich, dass ihr Euch für dieses Buch entschieden habt. Ich denke mir, dass ihr nicht enttäuscht werdet, wenn ihr es aufmerksam in der Reihenfolge der Interviews lest. Die Leseart spielt eine besondere Rolle im Erkennen und Entdecken von Rätseln der Menschheitsgeschichte. Seid bitte beim Lesen offen und dies mit Herzen, dann wird sich Euch und davon bin ich überzeugt, ein Gesamtbild erschließen. Nehmt Euch für bestimmte Abschnitte auch Zeit, deutet selbst, was sich euch als Bild offeriert.

Wenn ihr meine Formel kennengelernt habt, dann könnt ihr sie gerne an anderen Fragen, Sachverhalten ausprobieren und ich glaube, dass ihr auf vieles Antworten und Lösungen finden könnt.

Vieles an Text, das hier erscheinen wird, stammt nicht von mir, sondern aus dem, was sich durch die Anwendung der Formel, hier vor allem in Bezug auf Anagrammcodes gedacht, ergibt. Daher hier der Hinweis, dass eventuelle Namen von tatsächlichen Personen, Firmen, Institutionen, Organisationen, Parteien etc., die erscheinen, nicht durch mich, sondern durch die Formel oder den Anagrammcodes selbst erscheinen. Daher sind Sachverhalte, die sich aus Worterscheinungen in Kombination mit diesen Namen ergeben, nicht notwendigerweise deckungsgleich mit meiner Meinung oder mit tatsächlichen Gegebenheiten. Viele Anagramme, die ich hier hervorbringen werde, zeigen zwar erstaunliche Parallelen zu tatsächlichen Sachverhalten. Die Meinung darüber, ob dies auch für alle Anagramme gilt, mag sich jeder selbst bilden.

Es kann auch sein, dass sehr scharfe Worte, teils ordinäre oder vulgäre Begriffe erscheinen, auch dieses hängt in Zusammenhang mit den benutzten Codes und ist rein zufällig.

Wenn durch die Formel, so ich glaube, Botschaften aus dem Weltlichen erscheinen, dann kann es sein, dass einige zunächst verstörend auf dein eigenes bisheriges Weltbild wirken. Zu Beginn der Entdeckung dieser Botschaften, hatte dies auf mich die gleiche Wirkung. Je länger ich mich jedoch mit der Materie befasst habe, umso mehr erkannte ich, dass die Botschaften unbedingt als gut gemeinte Anleitungen für ein besseres menschliches Leben zu verstehen sind.

Die schon oben genannten Worte wurden meines Erachtens in der Schärfe gewählt, weil sie einerseits verstanden werden möchten und weil sie andererseits ein Spiegel der menschlichen Sprache insgesamt sind. Wir werden genauso sehen, dass dann, wenn es um friedvolle, liebevolle, romantische Themen geht, eine sehr milde Sprache erscheint.

In den Botschaften erscheinen Metaphern, die im Teekesselprinzip von Menschen benutzt werden. Oft gibt es für diese die verschiedenen Bedeutungskonstitutionen, wodurch ein Kontext entstehen kann, der einerseits von einer optimistischen Seite oder andererseits von einer dunklen Seite interpretierbar ist. Je nachdem für welche Seite du dich entscheidest – den Tee, den ich interpretiert habe, habe ich neben den jeweilig erscheinenden Zeilen eingefügt, was dir für ein Verständnis der Bedeutungsunterschiede helfen möchte.

In beiden Bänden der 2 zu 1 – Relationstheorie möchte ich Belege schaffen, die zeigen, dass kaum etwas zufällig willkürlich ist. Bereits in diesem Band erfährst du schon eine ganze Menge, sei es in erkenntnistheoretischen Fragen, wer sind wir, wo kommen wir her, wo gehen wir hin, in ethischen Fragen, zu Themen aus Glauben, Religion, Sprache, Geschichte, Vergangenheit, Zeitgeschehen, Optionen für die Zukunft und vieles mehr.

Dieses Buch soll einen Beitrag dazu leisten, Licht auf diese Erde zurückzubringen. Überzeugungsarbeit ist schwer und ich kann nicht sagen, wie viele Menschen ich mit meinen Theorien erreichen kann, und auch nicht, ob andere Menschen in meiner Formel auch das erkennen, was ich erkenne. Ich erkenne, und dies insbesondere in den Anagrammcodes, Botschaften aus dem Weltlichen, die durchaus aussagekräftig sind und meines Erachtens mit der Fülle an Belegen aufzeigen, dass wir nicht allein sind, dass es Gott gibt, dass er zu uns spricht, dass er uns Anleitungen für unser Leben gibt und uns vor Dingen warnt, die ein friedliches Zusammenleben der Menschen gefährden. In den Medien hört man von neuen Krisenherden in der Welt, von Nuklearwaffen, Kernenergie, Umweltverschmutzung, von Experimenten an Genen, dunkler Materie etc. –

Anfangs habe ich auch immer wieder gefragt und gefragt, sind die Ergebnisse, die ich hier vorstellen werde, wirklich echt? Doch je mehr ich untersucht habe, umso mehr Belege habe ich gefunden, dass ich es nicht mit willkürlichen Ergebnissen zu tun hatte. Dies hat mich zu der Überzeugung gebracht, dass ich etwas entdeckt habe, das Nachweise über Geheimnisse der Menschheitsgeschichte erbringt.

Schön an der 2 zu 1 Relationsformel ist, dass das, was sie zum Vorschein bringt, so und nicht anders erscheint. Ich werde Beispiele hervorbringen, die so clever durch die Inhalte der Codes erscheinen, dass ich sie für nicht widerlegbar halte. Wenn ich also sage, es ist nicht widerlegbar, dann ist damit gemeint, dass die Beweise in meiner Überzeugung so stichhaltig erscheinen, dass ich sie für nicht zu falsifizieren halte. Die Fülle der Belege erscheinen mir letztlich als Gesamtbild der Beweis dafür zu sein, dass der Mensch nicht die einzige und nicht die einzig intelligente Lebensform in unserem Universum ist. Sie sind der Beweis für eine schöpferische Kraft, die durchaus in Liebe und Frieden mit uns gemeinsam im EINSSEIN leben möchte.

Auch in der hier bereits dritten Auflage dieses Bandes stelle ich mir immer noch die Fragen, was ich in dieses Buch mit hinein nehmen kann oder was ich weglassen sollte. Denn es erscheinen in meinen Untersuchungen nicht immer nur verblüffende, sondern auch solche Anagramme, die erschrecken könnten.

Nichts desto trotz, kann ich meinem Ziel zu überzeugen, nur nachkommen, wenn ich bestimmte Anagramme nicht unterschlage. Sie erscheinen daher aus dem Grunde, weil sich durch sie meine Formel und meine Theorien verifizieren, eben da sie starke Bezüge zu den jeweiligen Ereignissen schaffen, nicht aber, um zu erschrecken. Gemeint sind vor allem zwei Anagrammcodes, die zwei Ereignisse implizieren, die noch nicht allzu lang zurückliegen. Eins von diesen beiden Ereignissen berührt mich vor allem deshalb immer noch sehr stark, weil ich selbst fast an diesem Tag, am Ort des Unglücks gewesen wäre. Eine plötzliche Nachtschicht, ein langes Telefonat und ein leerer Kühlschrank, der mich zu einem Einkauf trieb, waren letztlich die Gründe, warum ich nicht an diesem Ort war.

Ich betone deshalb noch einmal, bitte nimmt Euch die Zeit für eine intensive Auseinandersetzung mit dem Buch. Hinterfragt, was wirklich gemeint ist, wenn Botschaften erscheinen. Vieles deutet darauf hin, dass wir alle wieder milder in Wort und Handeln werden möchten, rücksichtsvoller. Was große Schwierigkeiten betreffen, in Fragen zu Umweltverschmutzung, Experimenten, Nuklear etc. ist sicher frühes bzw. rasches Handeln notwendig. Was jeden selbst betrifft, heißt es hingegen, und so lese ich es heraus, nimm dir die Zeit dich kennen zu lernen, um das, was dir an dir nicht gefällt, loszulassen. Ich selbst bin auf dem gleichen Weg, ich habe noch viel zu viele Gewohnheiten und Eigenarten, die ich besser los lassen sollte, aber ich arbeite an mir. Hoffe es klappt ☺

Was hier in den jeweiligen Interviews zum Vorschein kommt, ist teils meine Meinung oder Überzeugung aufgrund zahlreicher Erfahrungen, Erkenntnisse und intertextuellem Wissen, anderes ist frei erfunden oder erscheint als meine Idee oder Vorstellung vom Weltlichen.

Es ist ja so, dass ein Leser den Text beim Lesen selbst erschafft, indem er ihn mit seiner Stimme liest. Dadurch kommt es zu Interpretationen, die von mir so womöglich nicht gemeint sind. Es ist also kaum schaff bar einen Text so zu schreiben, dass er wirklich in der gemeinten Art beim Leser herüberkommt, da ja auch Betonungen von Wörtern, Emotionen des Autors im Text nicht erkennbar werden.

Stellt Euch also beim Lesen eine fröhliche Stimme vor. ☺

INTERVIEW 1: GEHEIMNISVOLLE FORMEL ENTDECKT

Hallo Leute, herzlich willkommen bei Werhatdieidee – TV, mein Name ist Silvio Tunnels und ich habe mir heute einen Studiogast mit einem spannenden Thema eingeladen. Hallo Micha Thiel!

Hallo

Micha, du hast eine Wissenschaft namens Ellesabismus begründet und eine Formel entdeckt, mit der sich Geheimnisse der Menschheitsgeschichte entschlüsseln lassen, kannst du uns erklären, was diese Wissenschaft ist, was sie leisten kann?

Meines Erachtens kann sie Ursachen oder den Sinn von Ereignissen der Menschheitsgeschichte erklären und darüber hinausgehend Rätsel lösen, die in der Menschheitsgeschichte z.B. in der Wissenschaft oder auch in der Mystik erscheinen. Aber es gibt auch Bereiche für die sie keine Lösungen liefert. Das, was sie nicht erklären kann ist das, was keinen Sinn ergibt. Ich meine damit Ergebnisse, die nicht in Einklang mit einem positiv bejahendem weltoffenen Lebenssinn stehen würden. In diesem Sinne lassen sich Bereiche erklären, die in einem weltlichen Sinn, Sinn machen.

Welche Bereiche wären das?

Das sind sehr viele, aber vielleicht sollte ich erst die Bereiche nennen, welche die 2 zu 1 - Relationstheorie nicht impliziert. Dazu gehören Anleitungen, Entwicklungen, Erfindungen, die in einem weltlichen Sinn der Welt schaden würden, Technologien, die der Umwelt schaden, Waffen, Erkenntnisse in Genetik etc., diese Bereiche wurden bewusst aus dem Ellesabismus ausgeschlossen. Das heißt aber nicht, dass diese Wissenschaft kein Wissen in diesen Bereichen schaffen kann, in einem geschichtlichen Kontext erscheint es mir möglich. Und zwar in dem Sinn, dass wir durch die Geschichte lernen möchten, was in der Vergangenheit schief gelaufen ist.

Im Ellesabismus lassen sich mit Anwendung der 2 zu 1 Relationsformel Fragen beantworten. Darüber hinausgehend schafft sie Lösungen oder Erkenntnisse aus dem jeweiligen Problem heraus.

Von einer Pro weltlichen Seite betrachtet kannst du Geheimnisse der Menschheitsgeschichte, Geheimnisse aus einer wissenschaftlichen Disziplin, ja sogar Dinge über dich selbst und deine Umwelt erfragen. Erkenntnistheoretisch kannst du Antworten bekommen, wer du bist, woher du kommst und wohin du potentiell gehen könntest. Es erscheint möglich, gute ethische Lösungen zu finden, mathematische Geheimnisse zu entschlüsseln, neues in Kunst, Musik, Literatur zu kreieren. Es erscheint vieles erfahrbar, das in Einklang zu Frieden und Liebe steht, wenn du die Formel kennst und weißt, wie du sie anwendest, ist vieles vorstellbar. Natürlich dauert jede Lösung oder Erkenntnis seine Zeit, manche Erkenntnisse erscheinen sofort, für andere Lösungen, deren Problemstellung komplexer ist, z.B. bei mathematischen Fragen benötigt es seine Zeit, die Komplexität, die sich aufgebaut hat, wieder in seine ursprüngliche Einfachheit zurückzuführen. Was schön an der 2 zu 1 Relationsformel ist, dass sie dir recht rasch verrät, wo du ansetzen musst, um ein Problem zu lösen.

Da gibt es doch einen Haken, oder?

Es ist kein Harken, sondern eher ein Stoppschild, das dich in dem Moment vor Erkenntnis von etwas ausbremst, wenn diese entweder nicht den weltlichen Prinzipien folgt oder noch nicht die Zeit dafür reif ist, diese Erkenntnis zu offenbaren.

Ist dies ein Grund dafür, warum du 21 Jahre gebraucht hast, um deine Erkenntnis über die Formel zu publizieren?

Es ist ein Grund von mehreren, tatsächlich war sie noch nicht ausgereift genug.

War das ein Grund, warum du sie immer wieder in deinen kreativen Projekten, in Filmen und Büchern überall teilweise verschlüsselt versteckt hast?

Ja. Ihren Namen habe ich zwar schon in einem Kurzfilm 2001 genannt, jedoch fehlte mir hier noch die entscheidende dritte Variable, die die Formel perfektioniert. Es war zwar schon 2001 möglich mit ihr gute Ergebnisse zu erzielen, jedoch gab es auch viele unerwünschte Nebenprodukte, die erst mal ausgeschlossen werden mussten.

Wenn das stimmt, dann wäre deine Formel ja schon überraschend.

Ich kann mir gut vorstellen, dass die Ergebnisse anfangs sicher als Zufälle gesehen werden. Die Fülle der Ergebnisse möchte schließlich beweisführend sein. Aufgrund der Fülle stichhaltiger Argumente könntest du fragen: Das kann doch jetzt alles kein Zufall mehr sein?

Ist es auch nicht und ist es doch, je nachdem in welchem Verständnis du den Begriff Zufall benutzt. Benutzt du den Begriff in derart, dass alles planlos, ohne schöpferische Kraft zustande kommt oder verwendest du ihn in dem Sinne, das etwas einem zufällt, das von einer schöpferischen Kraft gesteuert wird.

Was verstehst du unter schöpferischer Kraft?

Kurz verstehe ich unter schöpferischer Kraft, Gott. Erweitert auch die Kraft der Natur, die Kraft des Universums, die Energie, die man selber ist, das auslösende weltliche Prinzip, der Plan, warum wir hier sind etc. Letztlich scheint entscheidend, dass alles Eins ist und Eins für das Sein steht. Jedoch ohne eine religiöse Wertung. Wer oder wie der Schöpfer genau ist, kann ich nicht sagen, und dies kann auch die 2 zu 1 – Relationstheorie nicht lösen, sie vermag es potentiell, Geheimnisse, die mit dem Menschen und der Erde zu tun haben, zu entschlüsseln, aber letztlich nicht alles was darüber hinausgeht. Sie kann aber Ergebnisse schaffen, die eine

Vorstellung oder Idee davon erzeugen, was Gott von uns möchte, was sein Plan in Bezug auf uns Menschen ist.

Was verstehst du unter weltlichem Prinzip?

Das weltliche Prinzip schafft und schafft dahingehend, dass das, was dem weltlichen Prinzip folgt auch erhalten bleibt. Es kann transformiert werden, jedoch ist der Zustand in den es transformiert ist, ausschlaggebend dafür, wie nah oder weit es sich vom weltlichen Prinzip befindet.

Wenn du von schöpferischer Kraft sprichst, hast du Erfahrungen in diese Richtung gemacht?

Ja unbedingt. Ohne sie wäre ich nie auf meine Ideen gekommen. Ohne sie wäre ich nicht hier. Sie ist jeden Tag da, spricht von außen und von innen zu dir. Das Hörbarmachen kann ein langer Prozess sein, bei dem einen setzt dieser bereits in der Kindheit ein, bei einem anderen in der Mitte seines Lebens, und wieder bei einem anderen nie. Das liegt daran, ab wann du dir Fragen stellst und bereit dafür bist die Antworten auf deine Fragen nicht aus deinem Ego oder den Meinungen deiner Umwelt zu schöpfen, sondern aus deinem Herzgefühl. Dieses Herzgefühl kann durch ein traumatisches Ereignis, durch einen Unfall, durch Verliebt Sein, durch die tiefe Begeisterungen für etwas aktiviert werden. Bei manchen hält diese Aktivierung nur kurz an, wird dann durch äußere Umstände entkräftet, anderen gelingt es aber ihr Herzgefühl für einen längeren Zeitraum zu aktivieren oder dem Glücklichsten es dauerhaft.

Wir haben ja noch eine Menge an Interviews vor uns. Wie ist deine weitere Vorgehensweise?

Du hast ja zugestimmt, dass ich jetzt Dauergast in deiner Sendung sein darf, daher werde ich in der zweiten Ausgabe die Formel präsentieren, zeigen wie man sie anwendet und die ersten kleinen Ergebnisse mit ihr erzielen. In der dritten und vierten Ausgabe kommen dann die ersten meines Erachtens verblüffenden Ergebnisse...

Das hört sich spannend an, dann wünsche ich uns viel Glück, freue mich in der nächsten Ausgabe über die Bekanntgabe der Formel und wünsche allen, egal, wann ihr das jetzt schaut einen schönen Tag. Bis zum nächsten Mal bei Werhatdieidee TV.

INTERVIEW 2: DIE 2 ZU 1 RELATIONSTHEORIE

Hallo Leute, herzlich willkommen zur zweiten Ausgabe von Werhatdieidee – TV, mein Name ist Silvio Tunnels und mein Studiogast ist heute wieder Micha Thiel. Hey Micha.

Hey

Wir alle sind schon ganz gespannt, was die 2 zu 1 Relationsformel ist und wie man sie anwendet, um auf Fragen Antworten zu bekommen. Ich habe mir dein Comicbuch Ellesab besorgt und darin tatsächlich einige Hinweise entdeckt. Doch zunächst, was bedeutet eigentlich der Name Ellesab?

Der Name Ellesab ist eine Abwandlung des Wortes Puzzle, rückwärtsgelesen. Dieser möchte darauf hinweisen, dass jedes Rätsel ein Puzzlespiel ist, dessen Steine in die richtige Ordnung gesetzt werden müssen.

Aha. Ich möchte jetzt mal aus deinem Buch einen Abschnitt vorlesen, an dem ich dachte, dass du beim Schreiben dieses Abschnitts bereits die Formel entdeckt hattest.

AUSZUG AUS ELLESAB

„ZUG 101: Es war Mittwoch, der 1. Mai 2002. T´AMI begutachtete heute seinen Schlüssel, den er 1994 von MON AMI geschenkt bekommen hat. Mit jenem Schlüssel lässt sich jeder Code knacken, jedes Rätsel lösen und mit jenem Schlüssel findet man die richtige Antwort auf jede Frage. T´AMI überlegte heute, ob er den Menschen das Geheimnis des Schlüssels anvertrauen sollte. Er beschloss, es über ein skurriles Comicbuch zu tun. Da ihn jedoch eine Weisheit aus der ägyptischen Mythologie daran hinderte, es direkt zu offenbaren, beschloss T´AMI das Geheimnis des Schlüssels selbst in einem Rätsel zu verschlüsseln. In dem Buch ‚Ellesab' versteckte er es also in einer sehr einfachen Frage, die

gleich kommt. Es gibt einen Schlüssel mit dem sich jedes Geheimnis der Menschheitsgeschichte entschlüsseln lässt.

Wo würde Gott jenen Schlüssel verstecken?

T´AMI stellte sich jetzt vor, wie sich einige Menschen mit dieser Frage beschäftigen und er überlegte Antworten, die sie geben könnten.

„Einige Menschen antworten sicherlich, dass der Ort die Bibel ist, andere antworten, dass der Ort in einem selbst zu finden ist." T`AMI stellte fest, dass beide Orte auch viele Fragen beantworten können, aber nicht alle. T`AMI betonte also in der Formulierung innerhalb des Comicbuches, dass er mit seinem Schlüssel auch in jeder Quizsendung Geld verdienen könnte, er sich mit seinem Schlüssel einige Nobelpreise einheimsen könnte, er mit jenem Schlüssel Raum- und Zeit durchbrechen könnte.

‚Wo also würde Gott diesen Schlüssel verstecken? ' schrieb er in das Buch und verriet seinen Lesern, dass jeder, der diese Frage beantworten kann, auch imstande ist, alle anderen Fragen zu beantworten."

Jedes Rätsel zu lösen, das hört sich vielversprechend an.

Ja, allerdings ist das Buch eine Geschichte, wobei man nicht alles auf die Wortwaage legen kann. Aber vieles und daran glaube ich, lässt sich tatsächlich lösen, wenn man gründlich mithilfe des Schlüssels hinterfragt.

Also Micha, dann sag uns jetzt, wo würde Gott diesen Schlüssel verstecken?

Ja, im Buch hatte ich geschrieben, dass der Ort nur bedingt in der Bibel oder in einem selbst zu finden ist. Gemeint ist damit, dass er weder nur im Äußeren oder nur im Inneren zu finden ist. Entscheidend ist die Kombination aus beidem. Die Kombination aus dem, was mir das Innere sagt und dem wie ich die Außenwelt interpretiere. Gelingt es mir in einer Frage beides in Einklang zu bringen, bekomme ich die Antwort auf die Frage.

Kannst du uns erklären, wie ich die 2 zu 1 Relationstheorie anwende, um Ergebnisse zu bekommen?

Ja, sehr gerne. Es ist recht simpel. Ich verwende verschiedene Methoden, dessen Basis immer das 2 zu 1 Prinzip ist.

Die 1 ist immer das Ziel auf das die Frage hinausläuft, sie steht für das Sein, eine übergeordnete weltliche Wahrheit. Die 2 lässt sich in verschiedene Verständnisse transformieren. Letztlich ist aber immer das gleiche gemeint. Zwei Seiten, die zu einer führen, die harmonische Verschmelzung zweier Sachverhalte, der Einklang zwischen dem Inneren und dem Äußeren, die Erkenntnis dessen was der Zwei das Einssein gibt etc.

Ich möchte das Prinzip mal anhand zweier von der 2 zu 1 Theorie abgeleiteten Methoden verdeutlichen.

Welche man benutzt ist nicht von Relevanz, da beide Methoden immer zu demselben Ergebnis führen. Es ist eher eine Talentsache. Der eine Erkennende mag mit der ersten Methode besser zu Recht kommen, der andere mit der zweiten.

Die erste Methode beschreibe ich in folgender Gleichung:

Das Naheliegende + Herzgefühl : Erkenntnis.

Die zweite Gleichung hingegen sieht wie folgt aus:

Farbe + Form : Harmonie

Der Unterschied zwischen beiden Methoden liegt im Mischverhältnis. So sind im Naheliegenden sehr hohe Anteile von Farbe und Form enthalten, im Herzgefühl sehr hohe Anteile von Harmonie und Farbe, und in der Erkenntnis sehr hohe Anteile von

Harmonie und Form. Zusammengenommen sind in der Addition der jeweiligen Komponenten innerhalb der jeweiligen Methode immer 100 Prozent auf die richtige Lösung erreichbar.

Innerhalb der ersten Methode arbeitest du sehr stark mit Eingebungen, Intuitionen wobei du innerhalb der zweiten Methode sehr stark mit deinen jeweiligen Begabungen arbeitest.

Könntest du dies vielleicht an einem Beispiel ausmachen?

Ja, sehr gerne. Interessant wäre sicher eine Frage der Menschheitsgeschichte, die Denker schon seit Jahrhunderten beschäftigt. Es geht um die Frage nach dem Sinn des Lebens. Ich möchte jetzt mal schauen, was mir die 2 zu 1 Relationstheorie für eine Antwort gibt, wenn ich den jeweiligen Methoden folge, aber auch welche Schwierigkeit auftaucht, wenn ich den Fokus der Fragestellung nur auf eine Komponente der Gleichung verlagere.

Zunächst nach der ersten Methode. Ich stelle also nachfolgend die Frage: Was ist der Sinn des Lebens?

Und konzentriere mich innerhalb der Antwortfindung sehr stark auf die Komponente „Das Naheliegende" und komme zu folgendem Ergebnis:

„Die Lösung liegt im Naheliegenden des Lebens"

„Na toll", denke ich. „Doch, was ist das Naheliegende, wenn es um den Sinn des Lebens geht?" Ich grüble und grüble, aber bekomme keine Erkenntnis. Irgendwann habe ich keine Lust mehr eine Antwort zu finden, fange möglicherweise an zu albern und sage: „Na toll, der Sinn des Lebens ist bestimmt irgendein blöder Schleimfleck."

Ich muss also im nächsten Schritt der Antwortfindung unbedingt die nächste Komponente mit einbeziehen. Und zwar das „Herzgefühl". Mein Herzgefühl, meine tiefe und lebensbejahende Intuition sagt dann.

„Der Sinn des Lebens ist das Leben zu leben und zu lieben"

„Das ist ja einfach", denke ich. „Auf diese Lösung hätte ich auch früher kommen können." Die Eingebung wird also zu meinem Grundsatz und ich fange an mein eigenes Leben zu leben und zu lieben. Das Problem jetzt ist aber, dass ich noch nicht geschaut habe, worin die Verschmelzung in das Einssein der Aussage liegt. Die Einfachheit der Aussage plus jenem, was das Herzgefühl sagt ergibt „das Leben zu leben und zu lieben" als Antwort, doch es bedarf auch einer Reflexion, einer Erkenntnis darüber, was damit in einem weltlichen Sinn gemeint ist. Es kann jetzt nämlich sein, dass ich mein Leben so lebe und liebe ohne dabei Rücksicht auf Gefährdung meines eigenen Lebens zu nehmen, geschweige denn auf das anderer Leben. Ich konsumiere, was das Zeug hält, verhalte mich egoistisch meinen Mitmenschen gegenüber etc.

Erst mit der Hinzunahme der dritten Komponente erschließt sich der Sinn. Zuvor hatte ich nämlich nicht darüber nachgedacht, was „Leben" oder „zu lieben" wirklich bedeutet, weder in seiner Einfachheit noch in seiner Komplexität, und ich habe auch eine falsche Bezugnahme der Wörter zueinander geschaffen. Ich habe den Satz eigentlich so gelesen: Der Sinn des Lebens ist mein Leben zu leben und es zu lieben. In der Eins Verschmelzung meint der Satz aber etwas anderes. Und zwar: der Sinn des Lebens ist das Leben (in seiner Gesamtheit, mein eigenes und das anderer) zu leben (so wie es im Lebensfluss kommt und es so anzunehmen, sich den Herausforderungen, die das Leben mit sich bringt zu stellen etc.) und es zu lieben (mein eigenes in Allem, das was ist und kommt und das der anderen, zu verstehen und zu akzeptieren, dass alle Erfahrungen im Hoch und Tief, im Licht und im Schatten letztlich Sinn machen, Gefühle zulassen und zu zeigen etc.).

Der Lösungsweg in der Frage nach dem Sinn des Lebens über die zweite Methode ist ein anderer. Man muss in der Fragestellung nach der Farbe suchen, und damit ist auch immer die Idee, die Phantasie bzw. das, was dich begeistert, gemeint. Anschließend fragst du nach der Form von etwas, und zwar, wie drückt sich etwas aus, wie offeriert es sich. Letztlich muss man aus beidem in anwendend harmonisierender Weise, die Verschmelzung zwischen Idee und Ausdruck umsetzen. Ihr könnt ja gerne mal selbst ausprobieren, auf welche Antwort ihr kommt, wenn ihr an der Frage nach dem Sinn des Lebens die zweite Methode ausprobiert.

Fragt: 1. Was könnte die Idee hinter dem Leben sein? 2. Wie offeriert sich das Leben im Hier und Jetzt? 3. Wie kann ich beides auf eine harmonische Weise in Einklang bringen?

Dann erschließt sich der Sinn der zweiten Gleichung genauso wie in der ersten Gleichung.

Okay, Micha, aber so ganz zufrieden stellend ist die Antwort nicht, oder?

Ich finde schon, schließlich haben wir nach dem Sinn gefragt und eine Antwort bekommen. Ich glaube das Gefühl die Antwort sei noch nicht zufriedenstellend genug, liegt eher daran, weil wir das Wort Sinn noch nicht hinterfragt haben, dass könnten wir aber auch tun. Vielleicht ist die Erwartung, die man bei Stellung einer solchen Frage hat auf andere Aspekte gerichtet, vielleicht erwartet man als Antwort eine erste Ursache des Lebens oder anderes, das macht vielleicht unser Forscherdrang aus, der sich mit der Einfachheit einer Antwort nicht zufrieden gibt, etwas weitaus komplexeres als Antwort erwartet.

Ich ahne, was du meinst. Dennoch ist deine Antwort ja jetzt kein Beweis dafür, dass es so ist, dass der Sinn des Lebens das Leben mit Rücksicht und Weitsicht zu leben und zu lieben sei.

Nein, noch nicht, es ist die Fülle an Belegen, die in den nächsten Ausgaben erscheinen, die dann letztlich als wachsendes Konglomerat mir zunehmend beweiskräftiger erscheinen. Wenn hier weitere Methoden besprochen werden, möchte ich auch immer wieder Bezug zu vorherigen Aussagen schaffen, um diese zu untermauern.

Ich bin gespannt, ob und wie du dein Versprechen einhalten wirst.

Wenn ich die 2 zu 1 Relationstheorie mit der ersten Gleichung anwende, dann ist unbedingt ein tiefes Herzgefühl erforderlich. Eine tiefe Liebe zur Findung der Antwort auf ein Problem, wenn du dann noch die Einfachheit in der Antwort erkennst und diese mit dem Herzgefühl in Einklang bringst, dann hast du meines Erachtens die Lösung.

Manche werden vielleicht zunächst zu keiner Lösung kommen, das liegt daran, weil ihr Herzgefühl bzw. ihre Begeisterung für die Antwort noch nicht tief genug ist. Es ist aber schaff bar. Es kann aber auch sein, dass die Fragestellung kein tiefes Herzgefühl zulässt, ich sprach ja in der letzten Ausgabe von einem Stoppschild, das eben mit Bedacht in die Formel eingeflossen ist. Wenn du z.B. danach fragst, wie kann ich eine Waffe herstellen, dann wirst du zu keiner Antwort über diese Formel gelangen, eben weil das Herzgefühl eine solche nicht zulässt. In der Tiefe deines Herzens gibt es keine Gewalt, die entsteht in deinem Ego, doch nie im Herzen.

Du meinst also jemand, der nicht zureichend Herzgefühl in eine Frage steckt, wird nicht zur richtigen Lösung finden.

Ja, das sehe ich so, denn es erging mir ähnlich bei Themen für die ich mich nicht begeistern konnte. Aber das Herzgefühl ist erreichbar. Mir fallen da die Grenzwissenschaften ein, die sich ja mit Spiritualität und paranormalen Dingen befassen. Wenn jetzt jemand kommt und sagt, er hätte eine besondere spirituelle Begabung, dann werden Experimente gemacht, die alle letztlich zu dem Ergebnis führen, dass der Proband keine spirituellen Begabungen hätte. Doch ist das tatsächlich so? Vielleicht liegt es an etwas anderem. Vielleicht kann jemand mit spirituellen Begabungen diese nur in einem Umfeld ausleben, in dem nicht an seinen Begabungen gezweifelt wird. Vielleicht entstehen im Moment eines Tests durch zweifelnde oder der Spiritualität ablehnende Forscher, Energien über die wir nichts wissen, die ein positives Testergebnis nicht zulassen. Könnte doch genauso sein. Es geht also um das Sich Öffnen der Sache, die Begeisterung und das Herzgefühl, Ergebnisse zu bekommen, die so noch nicht zuvor dagewesen sind.

Ich kann mir gut vorstellen, dass die 2 zu 1 Relationstheorie in den Geisteswissenschaften zu Erfolgen führt, aber wie sieht es mit Sprach, Gesellschaft oder Naturwissenschaften aus?

Ich denke mir, es ist auch da möglich. Wichtig ist das Naheliegende zu erkennen und den Sinn daraus mit Herzgefühl zu erschließen. Mangelndes Herzgefühl ist der Grund, wenn man zu keinen befriedigenden Ergebnissen kommt. In meinen mathematischen Forschungen kam ich mithilfe der 2 zu 1 Relationstheorie z.B. beim Primzahlautomat zu guten Ergebnissen. Jedoch resultieren diese aufgrund logischer Instrumentarien. In der Untersuchung, ob es unendlich viele Primzahlzwillinge gibt, ist genau das meine Schwierigkeit. Ein logischer Beweis ist mir meines Erachtens gelungen. Die Erklärungen dazu finden sich in meinem zweiten Primzahlenbuch „Primzahlzwillinge – Die Unendlichkeit, ein Algorithmus und ein Beweis". Die Mathematik fordert jedoch einen Formelbeweis, was für mich eben sehr schwierig ist, weil ich kein Herzgefühl für mathematische Formeln habe. Jemand anderes, der vielleicht ein solches hat, könnte vielleicht meine logischen Ergebnisse in eine Formel umsetzen.

Wie hast du angefangen, als du die Primzahlen untersucht hast. Ich meine im Primzahlautomaten hast du ja einen Algorithmus hervorgebracht, der so noch nicht erschienen ist.

Ich hatte bei den Primzahlen nach der Einfachheit, dem Naheliegenden gesucht und das liegt in der Entstehung der Zahlen, die mit Zeit zusammenhängt. Beim reinen Raufzählen ist noch keine Zahl eine Primzahl, auch nicht in der Addition. Primzahlen werden erst durch die Multiplikation verursacht und sind deshalb Primzahlen, weil sich bestimmte Gesetzmäßigkeiten nicht mit der Addition vereinigen lassen. Auch diese hatte ich in beiden Primzahlbüchern und in meinem Video *„Primzahlen in Relation zur Zeit"* ausführlich besprochen. So wie die Addition und Multiplikation für sich dastehen, lassen sie sich nicht kombinieren. Das 2 zu 1 funktioniert nicht. Man benötigt eine weitere Komponente, die beide Operationen verschmilzt und das ist die Zeit.

Wer sich näher dafür interessiert, kann ja deine Videos bei youtube anschauen. Hast du noch kurze andere Beispiele, wo die 2 zu 1 Relation wirkt.

Ja, zum Beispiel Kommunikation. Was ist Kommunikation, um was geht es wirklich in der Kommunikation? Was sollte Ziel der Kommunikation sein?

Das Naheliegende sagt: Kommunikation ist Verständigung, aber warum funktioniert diese dann häufig nicht. Was sagt das Herzgefühl? Das Herzgefühl sagt: Ich möchte in meinen Kommunikationen verstanden werden und ich möchte den anderen verstehen. Also ist das Ziel der Kommunikation sich wirklich Zeit zu nehmen, den anderen zu verstehen und sich selbst darum zu bemühen, den Sachverhalt, so zu vermitteln, dass er zumindest annähernd beim Gegenüber ankommt. Das gelingt am ehesten in der Einfachheit, in der Natürlichkeit, indem man dem Sachverhalt keine Maske aufsetzt, ihn anders präsentiert als er ist etc., selbst nicht immer auf Teufel komm raus die Sprachmajorität zu übernehmen, zuhören. Sich bewusst machen, dass es eben nicht darum geht, Recht zu haben usw. Dies ist natürlich ein weiter schwieriger Weg, weil auch jeder eine andere Wahrheit hat, die

Bemühung und die Bereitschaft sich Zeit für die Verständigung zu nehmen ist meines Erachtens ein großer Schritt in die richtige Richtung, Missverständnisse und daraus resultierende noch schlimmere Katastrophen zu verhindern.

Immer wieder ist ja die Homo-Ehe im Gespräch. Welches Ergebnis schafft die 2 zu 1 Relationstheorie?

Ja, Ehe ist ja auch eine Form von Verschmelzung zwei werden zu einem Paar. Grundlegend unterscheidet sie nicht nach männlich und weiblich, sondern lässt jede Form der Verschmelzung zu. Die Farbe bzw. das Herzgefühl sagt, es geht um Liebe, nicht um Fortpflanzung, finanzielle Absicherung oder sonst was. Liebe ist in diesem Sinne das selige Gut. Demzufolge sollte es zweien die sich aus Liebe gefunden haben unbedingt gestattet sein, zu heiraten. Und dann sollten ihnen auch die gleichen Rechte zustehen, die die Mann-Frau Ehe schafft.

Ich komme noch einmal auf dein Ergebnis bei der „Sinn des Lebens" Frage zurück. Immer wieder tauchen im Diskurs die Argumente auf, wie kann ich das Leben leben und lieben, wenn mir das und das und das passiert?

Es geht darum zu erkennen, dass hinter allem ein bestimmter Sinn steckt. Vielleicht fragen wir zu weit, wenn es uns um einen göttlichen Sinn geht, aber auch dieser ist potentiell, darin zu entdecken, dass Lebensereignisse uns in eine Richtung lenken möchten, die erst zu einem späteren Lebensabschnitt Sinn macht. Es kann sein, dass dich ein sehr schmerzvolles Ereignis vor zwanzig Jahren an einen Ort gebracht hat, an dem du wertvolle neue Erfahrungen sammeln durftest, die du so nicht gemacht hättest und die heute extrem wertvoll und wichtig für dich und deine Persönlichkeit sind. Jeder Mensch, der dir auf deinem Weg begegnet, jedes Ereignis formt dich, lenkt dich, ist wertvoll für dich, wenn du es erkennst. Egal, ob du ein Ereignis als positiv oder negativ interpretierst. Wenn du irgendwann zu einem späteren Zeitpunkt darüber reflektierst, dann wird sich dir der Sinn erschließen und du wirst aufgrund dessen, das Ereignis nicht missen wollen.

Das heißt aber jetzt nicht, dass du ein ähnlich gelagertes Ereignis noch einmal haben möchtest.

Nein, und deshalb erscheint mir die Arbeit an sich selbst sehr wichtig. Der Grund liegt im Gesetz der Anziehung über das wir in Interview 8 sprechen werden. Bestimmte Aspekte, die in diesem Zusammenhang im Diskurs erscheinen, sind tatsächlich klug gedacht und haben Wahrheitscharakter. Es ist ein sehr umfangreiches Thema.

Okay, dann besprechen wir das in Interview 8. Du hast ja großes für die nächsten beiden Ausgaben angekündigt, verrat uns doch mal, worum geht es in der nächsten Ausgabe.

Es geht um Sprache, Wort und Schrift und Botschaften aus dem Weltlichen. Es wird ein spannendes Thema.

Na da sind wir ja gespannt. Ich freue mich. Tschau liebe Leute.

INTERVIEW 3: SPRACHE, WORT, SCHRIFT

Hallo Leute, herzlich willkommen zur dritten Ausgabe von Werhatdieidee – TV, mein Name ist Silvio Tunnels und mein Studiogast ist heute wieder Micha Thiel. Hey Micha.

Hey

Heute geht es also um Sprache, Wort, Schrift und Botschaften aus dem Weltlichen.

Ja, richtig. An vielen Stellen tauchen Hinweise darüber auf, dass es in Schrift und Wort versteckte Botschaften gebe. Einige wittern sogar Verschwörungen dahinter oder den Teufel, in dem gesagt wird, dass wenn man z.B. Tonbänder rückwärts abspielt, eine Botschaft des Teufels darin zu entdecken sei. Es gibt Sprichwörter wie Nomen est Omen oder in der Bibel die Geschichte des Turmbaus zu Babel. Alles hat einen mystischen Charakter. Vieles wird und wurde ins Lächerliche gezogen oder als Zufälligkeit abgestempelt. Doch meine Frage ist, ob man nicht tatsächlich Botschaften entdecken kann, wenn man jetzt mal ernsthafter in die Materie einsteigt. Es erst einmal nicht als Spinnerei im Irdischen Sinn abstempelt, sondern sich auf diese Idee mit Herzgefühl einlässt und versucht das Naheliegende in der Sprache zu entdecken. Vielleicht ist es gerade die Fülle an Zufälligkeiten in Wort und Schrift die meine These „Es gibt weltliche Botschaften in der Sprache" untermauert. Wenn man z.B. hunderte von stichhaltigen Beispielen findet, dann deutet schon vieles darauf hin, dass in meiner These eine Wahrheit steckt.

Könntest du so viele Beispiele hervorbringen?

Oh ja. Aber es gilt auch genau zu schauen, ob die jeweiligen Beispiele menschlicher Natur sind, also mit der Entstehung der Sprache zusammenhängen oder aber ob die Beispiele einen höheren weltlich übergeordneten Sinn machen. Dies zu untermauern, soll mein Ziel sein.

Welche Botschaften erscheinen z.B. in der Sprache und decken sich mit tatsächlichen Ereignissen?

Es gibt verschiedene Ansatzpunkte. Den letztlich naheliegenden, werde ich jedoch später erörtern. Ich werde zunächst mal in meine eigene Geschichte zurückgehen und rekonstruieren, ab wann es anfing, dass ich Botschaften hinter der Sprache witterte.

Und zwar war es Mitte der 1990er Jahre, als ich mich mit dem Sprichwort Nomen est Omen befasste. Im Vornamen Michael steckt ja die aus dem hebräischen stammende Frage, wer ist wie Gott? Und an diese Frage knüpfen sich ja weitere Fragen wie *Wer bin ich? Wo komme ich her? Gibt es Gott?* Usw. Fragen mit denen ich mich zu diesem Zeitpunkt tatsächlich befasst habe. 1997 kam ich mal auf die Idee ein Wortspiel mit meinem Namen zu machen. Rückwärts liest sich mein Nachname ja leiht von verleihen, was tatsächlich auf meine Persönlichkeit zurückgeht, da ich in meinem Leben so viel verliehen habe. Aber im Klang von Leiht steckt auch das Leid von leiden, was ich für bestimmte Lebensabschnitte als solches tatsächlich interpretiert habe. In einem positiven Klang lässt sich auch das englische light für Licht hören, was in kreativen Projekten sehr häufig eine Metapher war. Vorwärts könnte man wenn man das th als z oder c ausspricht auch das Ziel oder ciel französisch für Himmel erhören, ebenfalls sehr starke Metaphern in meinen kreativen Projekten.

Das ist jetzt alles noch nicht besonders mystisch, aber es war ja nur ein Wortspiel, dessen weitere Bedeutung damals nicht hinterfragt wurde.

1999 ging es dann weiter, dass ich just for fun ein Schachorakel entworfen habe. Die Felder hatte ich nach einer bestimmten Ordnung in Buchstaben unterteilt, und nachdem ich eine Frage gestellt hatte nach einem bestimmten Prinzip die Figur des Springers so gezogen, dass ich einen Buchstabensalat bekam, aus dem sich Wörter zusammensetzen ließen. Der Springer folgt entsprechend seiner Zug Regel dem 2 zu 1 Prinzip, was ja auch Basis der 2 zu 1 Relationstheorie ist.

Ich gab also Wörter ein und erhielt Buchstaben. Meine Idee war ein Experiment, von dessen Erfolg ich, warum auch immer, überzeugt war, ich redete mir ein, dass die Antwort, die ich auf eine Frage bekommen würde, mit der Frage zu tun haben wird.

An dem Wochenende als ich das machte, war mit einem befreundeten Pärchen ein Besuch auf einer Kirmes geplant. Also fragte ich, an welcher Los Bude ich Lose ziehen muss, um einen Hauptgewinn zu bekommen? Der Buchstabensalat brachte das Wort Taxi hervor. Also war meine Idee, ein Los an einer Los Bude zu kaufen, die auf einen Taxistand folgt.

Nun was soll ich sagen, als wir auf der Kirmes waren, entdeckte ich tatsächlich einen Taxistand schräg gegenüber einer Los Bude. Also ging ich hin und kaufte genau ein Los. Was soll ich sagen. Das Los war zwar kein Hauptgewinn, aber etwas noch viel besseres, nämlich ein Sondergewinn, der die Erweiterung eines Strategiespiels war, dass das befreundete Pärchen sehr gerne spielte.

Ein Jahr später habe ich das Experiment wiederholt, wieder war ich mit dem gleichen Pärchen diesmal auf einer anderen Kirmes. Als Wort auf meine Frage bekam ich diesmal Gehhilfe heraus. Also war meine Idee, dann Lose zu kaufen, sobald ich jemanden sehen würde, der auf der Kirmes mit einer Gehhilfe herumlaufen würde. Doch nach ca. 2 Stunden auf der Kirmes lief mir niemand mit einer Gehhilfe über den Weg. Wir beschlossen zu diesem Zeitpunkt Essen zu gehen und genau in dem Moment, als wir uns auf dem Weg ins Restaurant befanden, lief mir jemand mit einer Gehilfe über den Weg. Ich wollte jetzt aber nicht extra deswegen zurück zur nächsten Los Bude. Daher beschloss ich mein Experiment auf die zweite Person mit einer Gehhilfe zu verschieben. Nach dem Essen lief mir eine solche tatsächlich über den Weg. Also kaufte ich wieder ein Los, diesmal hatte ich jedoch nur einen Trostpreis, eine Plastikkröte, die witziger Weise erst fünfzehn Jahre später in einem Video von mir eine Bedeutung bekam. Meine Vermutung damals war, dass ich diesmal kein Glück beim Lose ziehen hatte, eben weil ich meinem Plan nicht genau gefolgt bin, schließlich hatte ich erst bei der zweiten Person mit Gehhilfe das Los gekauft. Ein paar Jahre später hatte ich das Experiment nochmals wiederholt. Diesmal bin ich meiner Botschaft exakt gefolgt und das wurde mit einer freien Auswahl belohnt, wieder mit dem gleichen Pärchen auf einer anderen Kirmes. Klar kann man jetzt auch noch nicht sagen, ob das Zufall war, ob es an meinem Orakel lag oder daran, weil ich sehr fest daran geglaubt habe, dass es funktioniert, letzteres ist genauso gut vorstellbar.

Eine weitere Beschäftigung mit der Materie Sprache und ihre Mystik, ergab sich dadurch, dass ich 1999 aus Lust und Laune mal eine Tonspur rückwärts abgespielt habe. Ich hatte damals eine 53 teilige Fernsehserie produziert und hier schon bereits mal bewusst, mal unbewusst, Erkenntnisse aus meinen Welttheorien manchmal verschlüsselt untergebracht. Beim Abspielen der Tonspur interpretierte ich tatsächlich Wörter, die in Bezugnahme zueinander für mich oder für Dinge die mein Weltbild betrafen Sinn machten. Das fand ich kurios. Klar, Satanisten behaupten, beim Rückwärtsabspielen würde Satans Stimme sprechen, andere interpretieren, dass das Gehörte eben nur eine Interpretation ist, die sich für andere Hörende so nicht verifiziert und wieder andere belächeln das Ganze. Aber was wäre, wenn man dieses Phänomen mal mit anderen Instrumentarien untersuchen würde. Die 2 zu 1 Relationstheorie würde sich insofern anbieten, da sie eben nicht versucht einen Sachverhalt zu widerlegen, sondern dahin schaut, worin die Bestätigung eines Sachverhalts liegen könnte. Ich selbst habe dieses Phänomen jetzt noch nicht weiter untersucht, aber ich könnte mir vorstellen, dass man zureichend sinnbringende Zusammenhänge finden wird, die durchaus Botschaften aus dem Weltlichen sein können, und eben nicht mit Satan zusammenhängen. Meines Erachtens sind bestimmte Botschaften auch wenn sie sehr scharf klingen, gut gemeinte Warnungen, Menschen auf den für sie selbst besseren Weg zu bringen.

Was macht dich da so sicher? Sprichst du aus Erfahrung.

Ja, einmal das, aber zum anderen werde ich zu einem späteren Zeitpunkt Sachverhalte hervorbringen, die sehr stark dafür sprechen. Wie ich schon sagte, die alleinige Kuriosität macht noch nicht den Beweis, es ist die Fülle. Jeder kennt die Beispiele, dass Lager rückwärts Regal ergibt und Leben rückwärts Nebel. Was man dahin gehend interpretieren könnte, dass es Sinn macht, weil ein Lager sehr stark Regal behaftet ist und das Leben vieles vernebelt und verschleiert. Diese beiden Beispiele reichen jedoch lange nicht aus, zu überzeugen. Es müssen eine große Menge an Beispielen gesammelt werden. Aber auch hier muss man unterscheiden, ob bestimmte Wortkombinationen nicht auch mit der Entstehung der Sprache zusammenhängen. Es ist potentiell, dass das Wort Bengel aus der Vorstellung entstanden ist, dass ein böser Bub, der sich nicht engelhaft verhält eben dann kein Engel sondern ein Bengel ist.

Du könnest noch weitere Beispiele für potentielle Botschaften aus dem Weltlichen nennen?

Ja, eine Menge, in meinem Roman „*Bodos fantastische Welt*" hatte ich ein Kapitel der Rekonstruktion der Urweltsprache gewidmet, die ich Turmsprache nannte. Darin sind etliche Beispiele enthalten.

Das Buch „Bodos fantastische Welt" ist seit 2015 auf dem Markt. In ihm hast du auch Ambigramme hervorgebracht, die vertikal gespiegelt eine Botschaft enthalten.

Ja, das, was ich am faszinierendsten fand, war *Der Weg ist das Ziel*, was ich vertikal gespiegelt als *Der Mond ist ganz groß* lesen könnte.

Ein anderes ist fern sehen, das bow zoper ergibt, was sich vom Klang zumindest so anhört, wie boah super, was man beim Fernsehen so alles entdecken kann. Die beiden und weitere hatte ich selbst entwickelt, aber ich finde auch das als ältelst bekannt geltende Ambigramm von Puzzle sehr interessant, das um 180 Grad gedreht die Botschaft The End hervorbringt.

Kurioserweise deckt sich diese Botschaft mit Entdeckungen, die ich später hervorbringe, denn immer wieder lässt sich die Botschaft aus dem Weltlichen entdecken, dass die Annäherung an das Weltliche damit beginnt, wenn Menschen mit dem Puzzeln, Entschlüsseln etc. beginnen. Vielleicht bringt dieser Beginn eine neue Zeit hervor, die für alle Menschen ein besseres Leben offeriert. Mit Ende ist meines Erachtens das Ende bestimmter veralteter Prinzipien gemeint, die bis dato dem Menschen nicht gut taten.

Die Metapher Puzzle hast du ja auch häufig in deinen kreativen Projekten benutzt, in dem Buch „Ellesab", in deinem Kurzfilm „Turm und Springer".

Ja, es geht darum, die überall im Irdischen verstreuten Puzzlesteine mit Herzgefühl zu einer Einheit zu bringen, dann erhält man das Bild des Ganzen.

Und wie ist das jetzt mit der Sprache? Wie kann ich sie entschlüsseln, die Botschaften des Weltlichen herausfinden. Was ist das Geheimnis? Was ist deine Antwort?

Wenn es Botschaften in der Sprache gibt, dann gehe ich davon aus, dass sie auch gelesen oder gehört werden möchten. Mein Herzgefühl sagt, dass das Geheimnis dann auch im Naheliegenden zu entdecken ist. Du fragtest nach einer Antwort und da hast du schon ein Wort genannt, in dem die Antwort steckt, streiche ich nämlich das erste t dann heißt es „an Wort". Die Antwort wäre also, am Wort selber. Aber selbst im Wort „Wort" steckt das Wort „Ort", was ja dann auch nochmals unterstreichen würde, dass der Ort im Wort zu entdecken wäre. Also suche ich nach sehr alten überlieferten Quellen, die mir etwas über das Phänomen Wort sagen.

Die Bibel

Ja genau. Darin heißt es, wenn ich mich auf die Lutherbibel beziehe, die Bezugnahme ist zweitrangig, da das Phänomen Wort immer ähnlich gelagert beschrieben wird, in Johannes 1:

„Im Anfang war das Wort, und das Wort war bei Gott, und Gott war das Wort. Dasselbe war im Anfang bei Gott. Alle Dinge sind durch dasselbe gemacht, und ohne dasselbe ist nichts gemacht, was gemacht ist. In ihm war das Leben, und das Leben war das Licht der Menschen. Und das Licht scheint in der Finsternis, und die Finsternis hat´s nicht begriffen."

Meines Erachtens steckt in diesen wenigen Sätzen bereits vieles, was man wissen möchte, um die Lösungen im Irdischen zu bekommen. Was das Wort betrifft, finden wir hier die Aussage, dass das Wort eben bei Gott war und ist und Gott das Wort ist. Würde heißen, dass er eben im Wort zu uns spricht.

Jetzt müssten wir uns fragen, wie spricht er denn im Wort zu uns. Erst einmal beschreibt ein Wort ja einen bestimmten Sachverhalt und mit Herzgefühl interpretiert, weiß jeder, was z.B. Frieden, Freiheit, Liebe usw. wirklich für ihn bedeuten. Leider ist es aber dazu gekommen, dass diese Wörter nicht mehr durch das Herzgefühl interpretiert werden, sondern durch unser Geist-Ego und dadurch schwingen, verschiedenen Bedeutungskonstitutionen mit, die zweckbestimmt und nicht bedingungslos sind. Wenn wir also ein Wort interpretieren, dann sollte das Ziel sein, es in bedingungsloser Liebe zu interpretieren, nur so erschließt sich der wirkliche Sinn. Die Menschheitsgeschichte zeigt zureichend, dass eine solche Interpretation schwierig für die Menschen ist. Also müssen wir weiter fragen. Es ist vorstellbar, dass Gott bereits im Anfang diese Schwierigkeit bedacht hat und daher mit seiner multidimensionalen Intelligenz Hilfestellungen im Wort selbst versteckt hat.

Jetzt ist die Frage, worin kann ich diese Hilfestellungen entdecken. Das Herzgefühl sagt, dass Gott sie da versteckt hat, wo sie gefunden werden können und das Naheliegende sagt eben wieder im Wort. Jetzt hatte ich schon einige Möglichkeiten vorgestellt, vorwärts, rückwärts, gedreht, gespiegelt, gepuzzelt, oder wie beim Schachorakel durch eine 2 zu 1 Schrittfolge. Es gibt aber noch mehr Möglichkeiten, wie z.B. die Silbenzerlegung oder eine Zerlegung der Worte in Fragmente verschiedener Sprachen, um Botschaften herauszubekommen.

Wenn wir davon ausgehen, dass Gott uns und das Universum erschaffen hat, ein überaus komplexes und in sich stimmiges, auf sich abgestimmtes System geschaffen hat, dann dürfen wir von einer multidimensionalen Intelligenz ausgehen, die das Wort eben auch multidimensional denken kann, in allen potentiell vorstellbaren Möglichkeiten. Jedoch nur immer so, dass sie auch lichterfüllend und sinnbringend sind.

In vielen Bereichen menschlichen Lebens interpretieren wir vieles in Hinsicht auf etwas zufällig Willkürliches. Z.B. wenn wir sagen, das Universum, die Erde, der Mensch mit allen auf einander abgestimmten Gegebenheiten sei zufällig. Doch erschließt sich ein Sinn von etwas das wir als willkürlich interpretieren? Sinn erschließt sich doch nur, wenn wir von etwas geplant uns zufallendem ausgehen.

Ich möchte das mal anhand eines Beispiels veranschaulichen und orientiere mich dafür ein bisschen an Ideen aus Kurd Laßwitzs Kurzgeschichte „Die Universitätsbibliothek"; auf die ich auch noch einmal in Interview 17, Band B, zurückkommen werde, wenn ich mich näher mit dem Wort Zufall auseinandersetze. Hier übernehme ich auf eine ähnlich gelagerte Weise die Idee in der Kombinatorik von Buchstaben.

Wenn ich die 26 Buchstaben von a bis z des Alphabets nehme und alle möglichen Buchstabenkombinationen ermitteln möchte, die diese Buchstaben für eine Zeichenfolge von 10 Zeichen ermöglichen, dann rechne ich 26^{10} und das sind

141.167.095.653.376 Kombinationsmöglichkeiten, nach dem Schema

AAAAAAAAAA

AAAAAAAAAB

AAAAAAAAAC

.

.

.

ZZZZZZZZZZ

Würde man wirklich alle 141 Billionen usw. Kombinationen aufschreiben, dann würde man in diesem Raster alle bis 10 stelligen Wörter die aus diesen Buchstaben möglich sind, entdecken. Die Schwierigkeit schafft jedoch die Länge des Rasters. Um alle Worte zu entdecken, bräuchte man extrem viel Zeit. Hinzu kommt, dass man reihenweise unsinnige Buchstabenkombinationen entdeckt, die keine Wörter bilden. Und genau letzteres Argument ist jenes, woran ich den Unterschied zwischen zufällig willkürlich und geplant zufallend verdeutlichen möchte. Wäre alles aus einer zufälligen Willkürlichkeit planlos entstanden, dann gäbe es einfach weitaus mehr nicht sinnbringende Sachverhalte, Erscheinungen etc. im Irdischen, als solche, die Sinn machen. Um Sinn zu schaffen, muss ich einen Plan haben, für die Buchstabenkombinationen hieße das, ich müsste eine Auswahl an Worten treffen. Und eben nicht sinnbringende Kombinationskonstitutionen wie z.B. ffkklllmmnre von vornherein ausschließen.

Wenn ich also davon ausgehe, dass nicht der Mensch, sondern Gott, und ich meine Gott hier nicht in einem religiösen Sinn, sondern im Sinne der schöpferischen Kraft, das Wort erfunden hat, dann stecken für mich im Wort selbst sinnbringende Inhalte. Multidimensional gedacht dann nicht eben nur von links nach rechts gelesen, sondern in allen vorstellbaren Möglichkeiten. Dazu gehören dann, nicht nur das gedruckte Wort, sondern auch das handschriftliche, das gesprochene und das gehörte Wort.

Okay, deine Aussage ist also, dass mit Blick auf alle wahrnehmbaren Möglichkeiten des Wortes sich der Sinn erschließt und Botschaften in Erscheinung treten.

Ja, aber so kompliziert ist es gar nicht, denn wir möchten ja sehr rasch Antworten finden und die sind, geplant für diese Zeit, im Naheliegenden zu entdecken.

Du machst es sehr spannend. Was ist denn jetzt das Naheliegende? Wie kann ich jetzt weitere Botschaften aus dem Worte ziehen?

Verraten wir das im nächsten Interview?

Ich würde sagen ja.

Okay, dann machen wir das. Freue mich darauf.

INTERVIEW 4: BOTSCHAFTEN IN ANAGRAMMEN

Hallo Leute, herzlich willkommen zur vierten Ausgabe von Werhatdieidee – TV, mein Name ist Silvio Tunnels und mein Studiogast ist heute wieder Micha Thiel. Hey Micha.

Hey.

Heute geht es also um das Thema, wie ich Botschaften aus dem Worte ziehen kann. Und wie ich versprochen hab, lüften wir eine ganze Menge an Geheimnissen und empfangen Botschaften aus dem Weltlichen. Micha, dir waren noch ein paar Dinge wichtig, vorweg zu sagen.

Ja, richtig. Zum einen möchte ich darauf hinweisen, dass bestimmte Botschaften, stellenweise vielleicht verstörend wirken. Insbesondere wenn es um Warnungen geht. Doch meines Erachtens ist es ein gut gemeinter Rat und die Lösungen, wohin es gehen soll, liefern die Botschaften gleich mit.

Okay Micha, dann verrate uns, wo Gott im Naheliegenden des Wortes seine Botschaften versteckt hat.

Ich hatte ja in der letzten Sendung gesagt, dass Botschaften in allen möglichen wahrnehmbaren Formen des Wortes versteckt sind. Doch es erscheint mir auch so, dass der Zeitpunkt geplant ist, wann jeweilige Botschaften entdeckt werden. Und für eine Variante der Wahrnehmbarkeit möchte es meines Erachtens der jetzige Zeitpunkt sein, das begründe ich damit, da das Auffinden dieser Botschaften mit Hilfe eines Computers und einem entsprechenden Programm sehr einfach geworden ist, und zwar spreche ich von dem Anagramm. Ich behaupte, dass Gott seine Botschaften im Anagramm versteckt hat und auch bedacht hat, dass dies in der heutigen Zeit entdeckt wird, eben weil es jetzt die entsprechenden Hilfsmittel gibt, die früher nicht vorhanden waren. Man musste sich quer durch die Anagramm Kombinationsmöglichkeiten eines Wortes lesen, um weitere sinnbringende Worte zu finden. Heute geht es mit einem Anagramm Generator viel schneller. Und ein solcher spuckt dir recht schnell die entsprechenden Anagramme von Wörtern, Wortkombinationen oder kurzen Sätze aus. Und ich möchte im Nachfolgenden zeigen und belegen, dass diese auch als Botschaften identifiziert werden dürfen. Aber auch zeigen, wie man im 2 zu 1 Prinzip die entsprechenden Anagramme liest, wie sich die Bedeutung konstituieren lässt. Interessanterweise schaffen die Anagramme selbst auch die Anleitung dafür.

Wie meinst du das?

Ich werde zureichend Anagramme hervorbringen, worin eben gezeigt wird, dass man beim Lesen auf sein Herzgefühl hören möchte, dass der Sinn sich über das Zwei zu Eins erschließt etc.

Okay, dann leg mal los.

Gut das erste Anagramm, das ich mitgebracht habe ist das Wort Anagramm. Ein Anagramm von Anagramm ist Mama Garn. In Bezugnahme auf Anagramm würde ich Mama Garn also so deuten, dass der Schöpfer, hier Mama, das Wort als Ausgangsstoff des Strickens nimmt, für die jeweiligen Handlungsstränge und Sachverhalte. Zugleich sind im Garn als Metapher verschiedene Fasern enthalten und das auf das Wort bezogen würde auch auf das Anagramm zutreffen. Dass sich also je nach Wort unterschiedlich viele sinnbringende Anagramme erzeugen lassen.

Als nächstes möchte ich die Anagramme für

Zwei zu Eins Prinzip hervorbringen und da bekomme ich z.B.

ZWEI ZU EINS PRINZIP

EINS WIE PRINZ PUZZI → *I von PUZZI als Kleinbuchstabe auch als L (l) zu lesen*

SEIN WIE PRINZ PUZZI	→ durch das EINS-SEIN sich wie ein Prinz erfahren
PRINZ IN WEISE PUZZI	
PRINZ IN WIESE PUZZI	→ PUZZI auch als putzig (herzig, bezaubernd, lieb u.a.)
SPINE ZWIRN EI PUZZI	→ SPINE als SPINNEN, dem Verfahren zur Herstellung von Fäden, Garn (einfach versponnen), Zwirn (mehrfach versponnen)

ZU ZINS REIZ IN WIPPE

Diese Anagramme vermitteln mir verschiedene Botschaften. Positiv, dass EINS-SEIN und EINS ist wieder ein Anagramm zu SEIN ein Leben wie ein weiser Prinz in einer Wiese offeriert. Zugleich erscheint ein Anagramm, dass, wenn man das eine fehlende n unberücksichtigt lässt, auf das Spinnen eines Zwirns hindeutet, was eine ähnlich gelagerte metaphorische Bedeutung wie das gerade besprochene Garn offeriert.

Liest man das große I von PUZZI wie ein kleines l, dann können wir auch wieder die Metapher Puzzle heraushören.

Die Botschaft ZU ZINS REIZ IN WIPPE hingegen interpretiere ich so, dass in dem ZWEI zu EINS Verhältnis noch kein Gleichgewicht zwischen irdischer und weltlicher Welt besteht. Dies also solange, wie es ein oben und unten, ein schwarz und weiß etc. zu entdecken gibt. Wenn ich von ZWEI das Anagramm Zwie nehme, dann steht die zweite Seite, also die Irdische für diese Trennung bzw. Spaltung.

Jetzt könnte man aber sagen, dass du viel in die erscheinenden Anagramme hineininterpretierst.

Ja, am Anfang sieht es so aus. Aber je näher du dich mit der Materie befasst, umso klarer wird es. Umso besser wird erkennbar, worauf es erkenntnistheoretisch und ethisch hinausläuft. Aber es gibt auch Anagramme, die sehr klar erscheinen, wo nicht viel an Interpretation notwendig ist. So bekommen wir aus dem Wort Frieden folgende Anagramme heraus.

ER FEIND

RIF EDEN

EID FERN

DEN FREI

IN FEDER

DRIN FEE

FRIEDEN

FEIERND

EIFERND

REIFEND

FREIEND

REIF DEN

DER FEIN

FRIEDEN

ERFINDE

FEIN ERD

Ich finde es schon verblüffend, dass sich aus dem Wort Frieden so viele sinnbringende Bedeutungen als Anagramme erzeugen lassen, die sich auch alle in starke Bezugnahmen setzen lassen können. Es erscheinen eben keine Wörter mit Bedeutungen zu Pommes Frites oder Ingenieurwissenschaften.

Das wäre meine nächste Frage, die beiden von dir genannten Begriffe lassen sich ja nur schwer und mit viel Phantasie zum Begriff Frieden in Bezugnahme setzen. Zu untersuchen wäre also wie häufig sehr starke Sinnzusammenhänge in den Anagrammen zu Wörtern erscheinen und wie diese im Verhältnis zu jenen stehen, die nur mit viel Phantasie eine Bezugnahme zulassen.

Ja. Es kommt auch darauf an, nach was du fragst und suchst. Wenn du eine Antwort auf eine Frage möchtest, die wenig Relevanz hat oder du suchst nach einem Anagramm für ein eher als unsinnig erscheinendes Wort, dann ist es potentiell, dass du dann auch nur irrelevante und unsinnige Anagramme erhältst. Es kann aber auch sein, dass dich ein solches Anagramm plötzlich auf einen ganz anderen wichtigen Aspekt führt und führen möchte, der zunächst gar nicht in deinem Plan lag.

Interessanterweise war es bei meinen Anagramm Suchen so, dass es mir schwer fiel Anagramme für Worte zu finden, wo schon das Wort an sich bedeutungsarm war. Bei dem Wort

CURRYWURSTPUZZLE

bekam ich z.B.

SYRUP WURZELT CRUZ.

Unter Currywurstpuzzle, kann man sich ja zumindest noch ein Puzzlebild vorstellen, auf dem eine Currywurst abgebildet ist, aber selbst wenn ich cruz aus dem Spanischen mit überqueren übersetze, erschließt sich mir zunächst kein Sinn in der Botschaft Sirup wurzelt überqueren, das kommt vielleicht wenn man in späteren Anagrammen, die Metaphern Wurzel, Syrup und Überqueren versteht.

Umgekehrt habe ich, je sinnbringender meine untersuchten Worte oder Wortverbindungen waren, auch zureichend mehr sinnbringende Anagramme gefunden.

Mir ist aufgefallen, dass das Friedens-Anagramm einen Zusammenhang herstellt, der von dir ja erst mal erschaffen werden muss. Wie setze ich also die verschiedenen Anagramme, die ich zu einem Wort oder einer Wortkette entdecke in einen sinnbringenden Zusammenhang?

Ich bin da nach dem 2 zu 1 Prinzip vorgegangen. Und zwar, indem ich mit Herzgefühl erfrage, wie offeriert sich Frieden aus Weltlicher Perspektive und wohin führt er, wenn er erreicht ist. Dann beginnt die Kette damit, dass jemand als Feind definiert wird und dass das Ziel sein sollte, mit jenem Frieden zu erreichen und ihn sogar zu deinem Freund zu machen. Auch hier lässt sich mit den Buchstaben spielen, wenn du nämlich, dem Wort FRIEDEN noch ein U zufügst und daraus ein Anagramm schaffst, bekommst du EI FREUND.

Du fragtest nach der Struktur. Tatsächlich gibt es viele Anagramme, die darauf hindeuten, dass sich Anagramm Lyrik in einer bestimmten Versform lesen lassen möchte, und dass der Reim eine wichtige Rolle spiele. Da bisher die Suche nach sinnbringenden Anagrammen im Vordergrund stand, habe ich bisher noch nicht die Zeit gefunden, zu überprüfen, wie sich eine Botschaft liest, wenn man sie in Reim Form setzt. In meinen Büchern „Das Geheimnis der Primzahlzwillinge" und „Primzahlzwillinge – Die Unendlichkeit, ein Algorithmus und ein Beweis" hatte ich auch eine Art von Zahlen hervorgebracht, die ich Verszahlen nannte. Da für mich vieles Sinn macht, ist es auch vorstellbar, dass ich die Lösung der Reihenfolge über diese Art von Zahlen finde.

Hast du Beispiele für den Hinweis auf Vers und Reim?

Ja, dass vieles auf das Spinnen und Reimen hindeutet, findet man z.B. in nachfolgender Anagramm Lyrik:

WENN ER SPUREN IM

SPINNEN. WUERMER → *Spinnen im positiven Sinne gemeint als Spinnen von Ideen, Spinnen von Strängen in einer Geschichte etc.*

→ *Wuermer klein, aber sich dennoch in beide Richtungen bewegen könnend.*

RENNEN SUPER WIM

RENNE WM SPUR EIN → *WM - Weltmeister*

WEM URNE PER SINN → *im positiven Sinn als Gewinnurne, Losurne*

PREIS NENNE WURM

MEER NUN WISPERN → *wispern = flüstern*

UNSEREN WIMPERN → *Wimper = Schutzhärchen des Auges*

SPUR WENN REIMEN

Es werden aber noch weitere folgen, die dies immer wieder untermauern. Im Wort

UNIVERSUM steckt z.B. auch

UM UNI VERS → *UNI (Universum hier abgekürzt)*

Ich habe noch eine Anagramm Kette mitgebracht, die wieder die 2 zu 1 Theorie untermauert und darauf verweist, dass man auf sein

Herzgefühl hören möchte, dass das Herz sogar das zweite Gehirn sei.

HEH EINEIIG ZWEITRAD	→ *EINEIIG (aus einem einzigen entstanden)*
DA EHE IN ZWEITREIHIG	→ *EHE (auch als Verbindung)*
HE DA ZWEITREIHIG EIN	→ *potentielles Ziel: aus der zweiten Reihe wieder in die erste gemeinsame Reihe zu gelangen, in ein Leben mit Gott, in ein Leben mit dem Schöpfer*
DA EIGNET HERZ EI HIWI	→ *EI (Ausdruck der Verwunderung oder anstelle von EIN), HIWI (allg. = Hilfskraft)*
HIWI DA HEIZT, ER GENIE	→ *HIWI/HERZ HEIZT (HERZWÄRME/HERZENERGIE)*
WIE DAHIN ZEIGET HIER	
HI EI DA ZWEITE GEHIRN	→ *Herz als Möglichkeit des zweiten Gehirns, als Möglichkeit neu und anders zu denken, potentiell geniales Denken*
DIE EINZIGE WAHRHEIT	→ *letztlich gibt es immer nur eine Wahrheit*

Das ist ja schon erstaunlich, aber was sagst du, wenn jemand dagegenstellt, dass sich ja je mehr Buchstaben du benutzt, sich auch umso mehr Wörter und Wortverbindungen erzeugen lassen.

Das ist richtig, daher gilt es zu schauen, welche Sinnzusammenhänge auftauchen, welche Worte sich innerhalb eines Anagramms, wie zueinander verhalten und auch die verschiedenen Anagramme eines Wortes zueinander. Je mehr Belege man findet, umso mehr könnte meine These bestätigt werden. Beim Scrabblen kann man manchmal ja aus seinen Buchstaben fantastische Wörter bilden, doch nur selten gelingt es einem, diese auch in einen sinnbringenden Zusammenhang zu setzen, und meistens bleibt sogar ein Rest an Buchstaben, die gar nicht verwertbar sind. Daher ist es hier doch recht interessant, dass sich so viele sinnbringende Zusammenhänge erschließen.

Ich möchte im Folgenden jetzt einfach mal kommentarlos einige Anagramme vortragen, jeder mag sich ja sein eigenes Bild machen. Einige sind recht simpel ohne großen Interpretationsaufwand zu begreifen, andere lassen sich mit denkendem Herzgefühl erschließen. Also es geht los!

DEIN IST MEIN

MEIN IST DEIN

IDEE MIT SINN → *Das Teilen als sinnbringende Idee*

ZEIT HARD, EWIGE NAH → *auch wenn manche Zeiten hard (hart) sind, so ist die ewige dennoch nah. Hab Vertrauen in Gott!*

DIE GANZE WAHRHEIT

A DA HEGEN ZWEI HIRT → *A = Ah (freudig erstaunt)*

HEGEN = sorgfältig pflegen, schützen, bewahren u.ä.

HIRT – Herr ist mein Hirte

HH DARAN EWIGE ZEIT → *HH = Haha (Freude)*

DA ETWA HERZIGE IHN	→ IHN = GOTT
AH, IZ IHRETWEGEN DA	→ IZ = IST
ZWEI DA GEHN HEIRAT	
ZIEH HEIRAT GEWAND	
HI IA DATENWEG HERZ	→ IA = JA
ZWEI DA HAT EHERING	→ *Es geht um die Verbindung aus Liebe, sowohl der Menschen zueinander, als auch der Menschen zu Gott*

EINMALEINS	
NIEMALS EIN	
NIEMALS NIE	
EINMAL SEIN	
EINSAM ′LEIN	
AN MEIN LIES	→ EINS SEIN hier nicht gesehen als „für sich selbst allein zu sein". Empfehlung: Sich an das, was Gott im Worte spricht zu halten. Hier als „AN MEIN LIES."

WUT GELD DEIN TOT	→ Rat: Herauszukommen aus dem Kreislauf Geld, Wut, denn dieser sei nur dein Tod, potentiell, dein seelischer Tod.

DIE WUND LEGT TOT	→ Rat: Die o.g. Wunde zu heilen
WUT LEID TOD ENGT	
WEG IN TOT DULDET	
WINDET TODE GLUT	→ Rat: Umkehr vom inneren Tod
TOD LUEGT WINDET	
DUETT WOGT LINDE	
DU WOGT DEN TITEL	
GOTT UND DIE WELT	→ Rat: sich wieder Gott zuzuwenden
WOGT DEN DU TEILT	
DU WELT DEIN GOTT	

GOTTES PLAN	
LAG POST TEN	→ TEN (zehn) → Zehn Gebote?
POST GALTEN	
GT APOSTELN	→ GT (Gott) → Gottes Aposteln
LANG SPOTTE	
PLATO SENGT	→ sengt von sengen (etwas brennt leicht an), Plato (griech. Philosoph oder Mondkrater)
TON LAG PEST	→ siehe Gesetz der Anziehung (Interview 8)
SOG PLATTEN	→ Plattentektonik

ENTSAGT POL

HE FERN ZOFEN

Z FOREN FEEN

ER HOFFEN ZEN   → Bezug zu Zen Buddhismus?

HERZ OEFFNEN

HERZGEFUEHL

H HERZFLUEGE

FLUG HERZ EHE

GEH ZU FEHLER

GEH ZU HELFER

DU EDLEM ULK

KUDEL MUDEL

LESE

ESEL   → Metapher Esel in der Fabel: störrisch, faul

OHRE

HOER

LOGIK

LOG [:KI]   → [:ki] Lautschrift von Key – engl. Schlüssel, KI (japanisch – Lebensenergie)

[:KI] GOL   → GOL (Goal? – engl. Tor, Ziel)

MANAGER CHEMIE	→ Doppeldeutig:
	Irdisch: Manager von Chemie Konzern, materiell reich
MEGA REICHE MAN	Weltlich: Allchemie Manager (Gott), Reichtum in Allem (Liebe, Frieden...)
GEMAECHERN MAI	
GEHEIM MAN CARE	
MAMA REICHE GEN	
MAERCHEN MAGIE	
CAME AM EHERING	→ CAME = kam
ACH MEGA REIMEN	

MENSCH UNI SCHANDE	→ UNI (Universum)
DU IN SACHEN MENSCH	
SUCHEN IM SCHANDEN	
UND IN MENSCH ASCHE	
MECHANISCHES DUNN	
DU NENNES IM SCHACH	→ Spiel des Krieges vs. Spiel des Geistes, Schach Matt
UNS SCHACH MEINEND	
SCHACH DENEN MINUS	
ACH MENSCH DU SINNE	
SINN UM SCHACH ENDE	→ Kriege zu beenden

SCHAEM NUN SCHNEID	→ SCHNEID (Mut)
CD MENSCHEN IN HAUS	
NACH UNS DNS CHEMIE	→ Bibel: Gott schuf den Menschen nach seinem Bild
HEIM UNS DNS CHANCE	→ Zurück zu Gott
SUCHE NACH DEM SINN	
DEMNACH UNS SCHEIN	
MICH UNS SEHN DANCE	
IHN SCHMUSEN DANCE	→ DANCE – engl. Tanz, tanzen
ACH SCHMUSEN IN END	→ Gott offeriert Schönes: Schmusen, Tanzen...

SCHACHFIGUREN

AN FISCHGERUCH

RASCH EUCH FING

HANGES CHIC RUF

SCHACH NUR FEIG

FANG REICH SUCH

ICH SUCHEN FRAG

SUCHE FACHRING

SCHAU CHEF RING

NACHRUF ´CH SIEG

SPIEGLEIN AN WAND	
WIE ADLIG 'N SPANN	→ eventuell körperliche Selbstbespiegelung versus Selbstreflexion
ALS DANN EWIG PEIN	
DA ANPEILEN SWING	
N WESPEN IN DALI AG	→ Surrealismus bei Dali, „Traum verursacht durch den Flug einer Biene um einen Granatapfel, eine Sekunde vor dem Aufwachen"
PAN WEG DASEIN NIL	
DA PAN EWIG INSELN	→ Bezug zu Nimmerland bei Peter Pan
PAN EWIGEN ISLAND	→ Island – engl. Insel
IDEAL SPANN WENIG	
DEN PLAN A INS EWIG	
DENN IN WEG PALAIS	→ Palais - franz. Palast
DA AN GEWINNSPIEL	
WIE SPANNEND LIGA	

WEG INS LICHT

´CH WEIL SINGT

WELTFORMEL	
ELF WERT MOL	MOL (MOLL – Tongeschlecht)
FORMT WELLE	

WELTVERBAND

BAD WELT NERV

BRAV DEN WELT

WAND VERLEBT

WANDELT VERB

LEB VERWANDT

SUCHE DR WONNE → WONNE (Zustand großer Freude)

WO SUCHENDE NR

WOCHEN RUNDES

ECHOS WUNDERN

CD WO EHREN UNS

CD WOHNE UNSER

CD WEN UNS HOER

C SHOW RUN ENDE

WEN CHORUS END

SUN WENDE CHOR → SUN – engl. Sonne

ES DURCH WONNE

WUNDERSCHOEN

ZEITGESCHEHEN

GEHET ZEICHENS

ZEICHENS HEGTE

GENETISCH ZEHE

GESCHIENTE ZEH

GEZISCHTE EHEN → GEZISCHT (hier: ärgerlich mit gezischtem Laut)

HECHTEN GEIZES

EG HECHTE ZINSE

SEIT ZECHEN GEH

ZIG STECHEN EHE

SCHNEE GEHEIZT

ZEICHNEST GEHE

HE GENIES ZECHT

ZECHT GEHE EINS

ZECHT GEHE SEIN

HEH NICE GESETZ

´CH IN EHEGESETZ

Das waren ja für den Anfang eine Menge sinnbringender Anagramme. Ich fand z.B. das Anagramm von Dein ist Mein und Mein ist Dein, nämlich Idee mit Sinn sehr fasziniert, was ja auf den Sinn des Teilens deutet.

Ja, auch die beiden Anagramme zu Herzgefühl, nämlich „Geh zu Fehler, geh zu Helfer" beeindrucken. Denn es ist ja so, dass wenn man Fehler erkennt und mit Herzen einsieht, dann werden sie zu Helfern in weiteren Lebensabschnitten. In Interview 19 (Band B) werde ich zeigen, wie nutzbringend Fehler sind. Wie Fehler / Helfer gibt es sehr viele Worte, dessen Anagramme kurz und knapp wesentliches beschreiben, wie

GRUNDE

ERDUNG

GEGENWART

GARTENWEG

GLAENZE

ELEGANZ

GEGEN

ENGE G

EIGNUNG

NEIGUNG

RUNE

URNE

FIGUREN

REIFUNG

MAGIEN

ENIGMA

MAGIE

IMAGE

REGEL

LEGER

TEILEN

LEITEN

Wer gegen etwas ist, engt sich oft ein, wer eine Neigung für etwas hat, ist dafür auch oft geeignet, Regeln sind zu leger oder sollten gelockert werden, Figuren in der menschlichen Dramaturgie müssen reifen, die Gegenwart ist potentiell der Weg zurück in den Garten Eden, die wahre Eleganz bekommst du durch deine Ausstrahlung aus dem Inneren heraus, wodurch du glänzt etc.

Hier lassen sich sehr gut Bezugnahmen erzeugen.

Erstaunlich sind auch die Anagramme zu

GEWINNEN

WEG INNEN

Und

VERLOREN

LERNE VOR

Beides macht Sinn, wenn du mit dem Herzen denkst, dann gewinnst du. Und um nicht zu verlieren, möchtest du vorher lernen.

Voll interessant. Micha, verrate uns doch mal, was du uns für die nächste Sendung mitgebracht hast.

Da wird noch so einiges kommen. Auf jeden Fall wird es noch sehr viele geheimnisvolle Anagramme geben. Vielleicht nähern wir uns weiteren Rätseln der Menschheitsgeschichte.

Ich bin gespannt, also liebe Leute, bis zum nächsten Mal. (Silvio macht das Peace-Zeichen) Ach, da fällt mir gerade auf, dass das Peace-Zeichen auch auf das 2 zu 1 verweist. Was für ein Zufall (mit gekreuzten Fingern).

INTERVIEW 5: GENESIS, SCHÖPFUNG

Hallo Leute, herzlich willkommen zur fünften Ausgabe von Werhatdieidee – TV, mein Name ist Silvio Tunnels und mein Studiogast ist heute wieder Micha Thiel. Hey Micha.

Hey

Heute geht es um eine Reihe weiterer Botschaften in Anagrammen. Micha, was hast du uns denn mitgebracht?

Eine ganze Menge, ich möchte heute und in den folgenden Sendungen Streifzüge in die verschiedensten Bereiche, Wissenschaften, Sachverhalte unternehmen. Ich kann jedoch vorerst nur die Oberfläche berühren, für ein tieferes Einsteigen in die Botschaften der jeweiligen Bereiche, ist die Mitarbeit von vielen Menschen notwendig, denn es gibt ja zahlreiche Kombinationsmöglichkeiten aus Buchstabencodes. Für eine Einzelperson wäre es eine nicht zu bewerkstelligende Arbeit alle wissenschaftlichen Zweige abzuarbeiten bzw. all das, was als Wort bzw. Text der Menschen erscheint. Ich habe meine Wissenschaft ja Ellesabismus genannt. Wissenschaft ist jedoch nicht der richtige Begriff, denn es wird kein Wissen geschaffen, sondern es wird entdeckt. Um es zu entdecken, muss man schaffen, puzzeln, Scherben kitten. Daher wäre der richtige Begriff Schaff!, was zugleich einer weltlichen Aufforderung zum Schaffen gleich kommt. Es ist zugleich aber auch eine Motivation sich selbst zu verwirklichen.

Mein Streifzug beginnt mit der Schöpfung. Allerdings müssen wir hier auch erst einmal fragen, was möchten wir denn über die Schöpfung wissen. Geht es um die Schöpfung einer ersten Ursache, um die Schöpfung des Wortes, die Schöpfung von Himmel und Erde, die Schöpfung der Spezies Mensch oder die Schöpfung des Menschen, wie er im Hier und Jetzt erscheint. Für alle Fragen, gibt es verschiedene Antworten, die jedoch im Eins

Sein betrachtet nur einen Sinn, eine Wahrheit ergeben. Wir schauen uns dafür zunächst die beiden Anagramme für Schöpfung, nämlich Schöpfung und Genesis an.

PC FUGE SOHN	→ FUGE (Teil einer Komposition)
SCHUF GEN OP	
SCHOEPFUNG	

GENESIS	
GENIES S	→ Genieß es
GIESSEN	→ Gießen (Verfahrensbestandteil, um eine flüssige Masse in einen festen Zustand zu formen)
SIE´S GEN	
GENIESS	
SINGE ES	

In beiden Wörtern steckt also auch der Hinweis für die Schöpfung des Gens, aber es wird auch der Vorgang in unterschiedlichen Metaphern beschrieben, einmal ist es das Gießen, im anderen die OP. In Genesis wird aber auch ein Hinweis darauf gegeben, das Geschaffene zu genießen, es zu leben, es zu singen.

Das Göttlich Weltliche benutzt häufig Metaphern, ist das richtig?

Ja, aber auch nur solche die verstanden werden möchten. Wenn ich gleich weitere Anagramme hervorbringe, erscheinen für den Schaffensprozess auch Begriffe wie Spinnen, Nähen oder für den Stoff Begriffe wie Garn, aber interessant daran ist, dass in den jeweiligen Anagramm-Zeilen ein Kontext entsteht, der Sinn macht. Oft wurden auch Teekessel Wörter benutzt, um darauf hinzudeuten, was den Unterschied zwischen irdischer und weltlicher Bedeutungskonstitution ausmacht, aber darauf komme ich ein anderes Mal noch zurück.

Als nächstes möchte ich noch einmal auf die Schöpfung aus dem Wort zurückkommen, wie sie in Johannes 1 in der Lutherbibel beschrieben wird. Da heißt es: „Im Anfang war das Wort, und das Wort war bei Gott und Gott war das Wort." Und zu dieser Aussage möchte ich mir jetzt einmal die Anagramme anschauen. Ich habe die Aussage in drei Teile zerlegt und die jeweiligen Anagramme erzeugt und insgesamt kommt dann folgende Botschaft heraus:

IM ANFANG WAR DAS WORT

WAS AN WORT DRAMA FING

WO MAI WARF DNA STRANG → MAI (Mein oder Wonnemonat Mai), DNA – Strang (Träger der Erbinformationen / Gene)

DIA WARF WARM SONNTAG → DIA (transparentes, positiv entwickeltes fotografisches Bild)

SAGA FAN WARM WIND ORT → Fan einer handelnden Erzählung

WO WIRST DRAMA ANFANG

WAS WOGT IN DRAMA FARN → WOGT von wogen; auf und nieder bewegen

ROMAN SAGA WIRFT WAND → durch das Drama verschwindet die Transparenz (Wand, Vorhang, Verdeckung...)

WO ADAM ANFANGS WIRRT

ADAM FRAGT WO SANN WIR	SANN (von sinnen, nachdenken oder bayrisch: sind?)
ADAM FRAGT WO WAR SINN	
UND DAS WORT WAR BEI	
DR WO BAUART WINDES	Wind: transparent, man kann ihn nicht sehen oder schmecken
DA WO IST WUNDERBAR	
BAUART WINDES WORD	
WOW DU ANTRIEBSRAD	
WO WIR BADESTRAND, U	
DES BAUART WIN WORD	→ WORD (engl. Wort)
AUS BINDEWORT WARD	
WIR DUO WANDERSTAB	
WIR WORT AUSBADEND	
DU WO WIR BASTARDEN	→ wieder: Saga, Handlung wird allmählich zum Drama
WO DU WIRS ABRATEND	
RADAU WEBT INS WORD	
DU SO WIRR ABWANDTE	
ADE BAR WORD INS WUT	
WA' DIE WUT SONDERBAR	
DR WIRT DOW BANAUSE	

A DIE BAR DOWN WURST	→ DOWN (engl. Nach unten, hinunter)
DU WO ABWAERTS RIND	
ANWARB DU WIRS TODE	
TOD WIRD WER S ANBAU	
SO WURDE WIND ABART	
WO WIRD BUDE RASANT	
WO DNS RABIAT WURDE	
AASE BUND WIRD WORT	→ AAS (toter Körper)
NA OB WITWER DAS DUR	→ DUR (härteres Tongeschlecht)
WIR WORT AUSBADEND	

GOTT UND GOTT WAR DAS WORT	
DORT WO GOTT WAS GRUND TAT	→ GRUND (Ursache)
TAG TOR DRAN WOGST WUT TOD	
WG TRAT ORT WO DNS DATO GUT	→ DNS auch DNA
SAND; DU GOTT WORTART WOGT	
DORT WO DA WART GUNST GOTT	
WAR TROG TODS; DA WG NOT TUT	→ WAR (engl. Krieg)
WOGT UND TOD; TORWART SAGT	
WAGT TOR WORT; DU NAGST TOD	→ TOR WORT (Zielwort: Zurück zum weicheren,

liebevollerem Wort in
Sprache und Handlung)

DU ANGST TOD WAGT ORT WORT

DORN WOG GATT; TUT WAS DORT

DUO DNS TAGT WATT WG ROTOR

GOTT DRAN WOG; TUT AST WORD

In diesem kurzen Satz bekommen wir schon eine ganze Menge an Informationen, die jedoch nur ein kleines Puzzlestück im Gesamtbild ausmachen. Denn das Potential, was in jedem Buch, wenn man es in Anagramme übersetzt, erscheint, scheint recht groß. Hinzu kommen aber auch noch die Möglichkeiten, die Übersetzungen der Bücher in andere Sprachen offerieren. So lässt sich jede Übersetzung auch noch mal in Anagrammform der eigenen, aber auch anderer Sprachen umsetzen.

Du sagst also, dass in jedem Buch, das Geschrieben ist, eine entsprechende Botschaft enthalten ist.

Ja, das ist meine Vermutung. Bei den Sachverhalten, die ich untersucht habe, scheint es so.

Das würde ja heißen, dass ein höheres Bewusstsein, im Prozess des Schreibens mitwirkt und dabei hilft, die Sätze so zu formulieren, dass sie in Anagrammform umgewandelt einen erweiterten oder korrigierenden Sinn ergeben.

Ja, das ist meine Vermutung, müsste aber genauer untersucht werden. Vielleicht erscheint dies aber nur in Texten mit lebensbejahenden wesentlichen Inhalten. Ich könnte mir aber durchaus vorstellen, dass Texte mit nicht lebensbejahenden Inhalten entgegengesetzt entsprechende Warnungen enthalten.

Du sagtest, dass ein höheres Bewusstsein im Prozess des Schreibens mitwirkt, es könnte aber auch sein, das dies schon von Anfang an geplant ist, dass du oder ich irgendwann den entsprechenden Text verfassen werden. Gleiches gilt für die Entdeckungen, die gemacht werden, dass dies auch schon festgelegt ist. Eine Frage, mit der wir sicher eine weitere Sendung füllen können. Die Zeit spielt in dieser Frage auch eine wichtige Rolle. Denn es ist ebenso vorstellbar, dass der jeweilige Zeitpunkt ab dem Moment in Kraft tritt, an dem Du nicht im Sinne der irdischen Seite schreibst, denkst, fühlst, entdeckst, sondern im Sinne der weltlichen.

Das wäre ja schon faszinierend. Doch was sagst du, wenn die These aufkommt, dass sich die von dir ausgewählten Anagramme auch in ganz andere Sinnzusammenhänge erzeugen lassen.

Ja und genau das ist der faszinierende Aspekt, der multidimensional sehr clever durchdacht erscheint. Besonders in wesentlichen Anagrammen, wie hier die der Schöpfungsgeschichte funktioniert es nicht, dass man einen anderen Sinnzusammenhang erzeugt. Man könnte die Anagramme allenfalls, von genau der anderen der dunklen Seite lesen und man würde dann aber auch genau nur das Gegenteil herausbekommen, nicht eine andere Geschichte, die etwas z.B. über Spaghetti erzählt. Bei wesentlichen Wörtern, Redewendungen sind Anagramme im Spiel, die letztlich immer eine Wahrheit offerieren. Es wurde für diese wesentlichen eine ganz clevere Silbenbildung der Wörter und Sätze gewählt, die man drehen und wenden kann, letztlich bleibt der Rest der noch nicht verwendeten Silben immer im Sinnzusammenhang zu dem, was man schon gebildet hat. Besonders bei den Anagrammen zu Baum der Erkenntnis, wird dies später erkennbar, egal wie man die Silben trennt und neu zusammenfügt, man bekommt einen Sinnzusammenhang heraus, der mit der Geschichte um den Baum der Erkenntnis zu tun hat.

Ich fasse mal zusammen, was wir jetzt schon erfahren haben, also es ging um die Schöpfung aus dem Wort und dass da etwas schief gelaufen ist, dass ein Drama erzeugt wurde, dass Adam an einen Ort brachte, an dem er vergessen hat, wer er ist. Dann, dass das Wort missbraucht wurde, wodurch weitere Dramen entstanden und zu einer nicht mehr kontrollierbaren Chaos Kette wurden.

Ja, die Chaostheorie, wie Chaos entsteht und wie es sich vermeiden lässt, wird das Thema der achten Sendung werden. Aber schön an den Anagrammen ist, dass sie auch immer eine Lösung oder Motivation offerieren. Und in dem vorherigen war es die Motivation zurück zu den weltlichen Urwörtern zu finden, dass der Weg die Auseinandersetzung damit, der Weg zu Gott ist. Und mit Wort ist nicht nur das Wort an sich, sondern auch jegliche Bedeutung und Handlung, die mit diesem Wort mitschwingt gemeint. Ich komme jetzt zur Schöpfungsaussage aus Genesis 1. Moses 1: *Am Anfang schuf Gott Himmel und Erde*, diese Aussage habe ich in zwei Teile zerlegt.

AM ANFANG SCHUF GOTT

TAFT AN GONG FACHMUS → TAFT (Stoff aus Seide!), Gong (Auslöser)

FANG MA AN ´CH OFT GUTS

FACTS GUT OHM ANFANG

NACH TAGUNG AM STOFF

ACHTUNG FANG SOFT AM → SOFT (weich, zart, leise)

SCHAF AN; OFT MUT GANG

NA GOTT MA SCHAFFUNG

SCHAF GUT; MONAT FANG

SO GAFT GUT; FACHMANN → GAFT (gafft von gaffen – neugierig staunen)

FACH FAN MONTAGS GUT

ANFANG OFT GUT SCHAM → SCHAM (Charme?)

ANFANG OFT MAG SUCHT

NACHT ANMUT SOFF GAG

MACH ANSOFF GATTUNG

AM GAG UNSANFT FOCHT → FOCHT von fachen, anfachen, entfachen

ACHT UMGANG AN STOFF → ACHT (Achte! Achtung!)

MAC HUFS FANG TAG NOT

STACH AM TAG OFFNUNG

HANG AST COMA TG FUNF

AM TAG FUNF SOG NACHT

ANFANG TUT SMOG FACH

GAS FOCHT; FANG MUT AN

GAFF UNO; MACHT ANGST

UFO FANG MAGST NACHT

AUFMACHT SANFT GONG

FACHFANG SOG MUTANT

FACHFANG ATOMGUNST

ANSCHAFFUNG MAG TOT

AM ACT SAGT HOFFNUNG	→ ACT (Veranstaltung, Aufwand, Auftritt)

HIMMEL UND ERDE

DU IMMER HELDEN

HELD UM REIMEND

MEDIUM LEHREND

IM LEHM EDEN DUR

HEIDE MURMELND

DUMMER LEIHEND

DUMMER HEILEND

MEHR UM LEIDEND

DEM MIR HEULEND

EDEL MIR MUHEND

UM HERD LEIMEND

DUMM IDEEN LEHR

DR DUMM EHE ´LEIN	→ LEIN (allein)
DU IHREM MENDEL	→ Gregor MENDEL - sogenannter „Vater der Genetik"

DUMM NEID LEHRE

DIE LEHREN UM DM

DEREN DUMM HEIL

NIEDER DM MUHLE

HEIL UM ERDEN DM

IHR DUMM ELENDE

LEHR IM MUED END

DREHE MUND LEIM → Empfehlung: Zurück zum lieben Wort

MILDE UMDREHEN

MEHR MUNDE LIED

EHE NUR DEM MILD

IHM RUNDEM EDLE

DEN RUHM IM EDEL

Interessant, dass sich die Aussagen dieser Anagramme mit denen ähneln, die du aus dem Johannes- Evangelien untersucht hattest, obwohl die Ausgangsbasis ganz andere Wörter implizierte.

Ja, und es ist auch fasziniert, wie sich das Bild durch ein weiteres Puzzlestück ergänzt. Dabei sind das nicht einmal, alle sinnbringenden Anagramme, die ich berücksichtigt habe. Aus diesem Anagramm Code lassen sich noch einige Aussagen mehr entdecken. Aber auch, wenn ich z.B. Himmel und Erde in andere Sprachen übersetze, ließe sich schauen, wie sich die Geschichte ergänzt. Ich habe das mal für Himmel und Erde auf Niederländisch, Englisch, Französisch und Spanisch überprüft und dabei kam folgendes heraus:

HEMEL EN AARDE

ER DA MALEN EHE

DEM EHEN AREAL	→ AREAL (Gebiet, Gelände)
HE EDLEM ARENA	→ ARENA (Stadion, Vorführplatz)
MALE ERDNAEHE	
A EDEL AM EHREN	
A MAEDEL EHREN	
EDEN HEE ALARM	
ERDE MAL AN EHE	
AERA DEN LEHME	→ ÄRA - größere Zeiteinheit bzw. Zeitraum
DA AHMEN LEERE	
HAENDE AM LEER	
DEALEN ARM EHE	
ALE EHE DRAMEN	→ ALE (alle)
AEHNLE DAERME	
HALDE AN MEERE	→ HALDE (künstliche Aufschüttung)
ALE MAD HEEREN	→ MAD (engl. wütend, verrückt)
EHE LAND ARMEE	
HEE ALARM ENDE	

HEAVEN AND EARTH	
A DA HAT EHEN NERV	→ NERV (griech. Faden, Schnur → Verbindung)

EHE ANHAND VATER

VAN ERDNAEHE HAT

VATER HAND NAEHE

TRENN ADA HEH EVA

ADA AN EHEN NERVT

HEH EVA ANRATEND

EVA HEH DA TARNEN → Scham durch Feigenblatt

HEH ADA TRAN VENE → im TRAN (zerstreut, benommen) oder Tran von Träne, VENE (Adern, die zum Herzen führen)

HEH ADA VAN ERNTE

HEH VAN DA TRAENE

HARNE, DA VAN EHRE

EHE, VAN DA HARTEN

ERDE VAN AHN HATE   HATE (engl. hassen) oder hatte

DA HARN VAN HEERE

CIEL ET TERRE

CTRL TEE EIER → CTRL (Steuerungstaste) auf Keyboard (Schlüsselboard)

CTRL EI TEERE

CIELO Y TIERRA

HIER REAL CITY

IRE ALICE ´TORY   → irre Alice im Wunderland – Geschichte?

ARIER CITY OEL

Nach dem 2 zu 1 Prinzip lassen sich ja bestimmte Aussagen nach Teekessel Prinzip von einer irdischen und einer weltlichen Perspektive lesen. Wenn von Tee die Rede ist, kann sowohl diese Teekessel Bedeutung gemeint sein, oder aber in Bezug zum Teer, der Teer Tee, womit dann wieder das irdische Pendant der Umweltverschmutzung gemeint ist. Interessant ist, dass diese Bezugnahmen von beiden Seiten lesbar sind und trotzdem Sinn machen. Solche Beispiele tauchen Zuhauf in den Anagrammen auf. Ähnlich ist es auch bei den spanischen Anagrammen. Alice in Bezugnahme zu Alice im Wunderland von der Weltlichen auf die Irdische als eine chaotische Geschichte mit schwarzem Gold oder umgekehrt betrachtet, der Blick auf das All als ein irres, aber diesmal als nicht verrückt, sondern faszinierend gemeintes, Wunderland, mit goldenem, weiß-weisen oder regenbogenfarbenem Öl. Den Büchern von Lewis Carroll „Alice im Wunderland" und „Hinter dem Spiegel und was Alice dort fand" möchte unbedingt eine eigene Wissenschaft gewidmet werden. Denn speziell in diesen beiden, stecken so viele Wahrheiten und Rätsellösungen menschlichen Lebens, die wir uns noch gar nicht vorstellen können.

Interessant ist, dass in dem Film „Dogma" ja eine Anspielung in die genau gegenteilige Richtung gemacht wurde. Dass Alice hinter dem Spiegel zu atheistischen Positionen verleitet.

Lustiger weise habe ich den Film erst sehr viel später gesehen, erst nach dem ich mich mit Alice befasst habe. Aber genau dies wird sich als genau umgekehrte irdische Variante eines irdischen Massenbewusstseins bestätigen. Es ist genau die gegenteilige Interpretation wegweisend und das hat der Film auch ganz clever versteckt, in dem ja ein von oben Gesandter dies ironisch gegenüber einer Nonne hervorbrachte. Viele Erkenntnisse in

Psychologie, weltlicher versus irdische Metaphorik, Selbstreflexion, Erkenntnisse über die Matrix etc. stecken in den Büchern um Alice. Zu den Erkenntnissen kommst du, je nachdem von welcher Seite du es betrachtest, setzt du dein Geist-Ego ein oder dein zweites Gehirn, das Herz.

Es steckt viel Kritik in den Anagrammen, was das Menschen-Dasein betrifft.

Ja, aber überrascht dich das. Jeder, wirklich jeder, weiß tief in seinem Herzen, was auf Erden nicht funktioniert. Doch leider versucht das Ego eines jeden, diese Wahrheiten zu verdrängen, zu vertuschen, herunterzuspielen, weil dies einfacher erscheint, als sich mit dem was nicht funktioniert, auseinanderzusetzen. Denn wenn an den Problemen gearbeitet wird, verschwinden sie irgendwann von selbst, wenn nicht, dann nicht oder es treten neue in Erscheinung. Das ist eine Gesetzmäßigkeit auf Erden, die so wie ich es aus diesen und weiteren Anagrammen herauslese, so lange anhält, bis zu dem milden Wort in Sprache, Denken, Handeln usw. zurückgefunden wird. Diese Aufgabe besteht für jeden einzelnen Menschen, aber auch für die Gesamtheit. Es scheint ein langer Weg zu sein, doch sobald die Bereitschaft und das erste Handeln dafür da sind, erscheint dieser Weg durch Hilfe von oben leichter. Warum ich diese Meinung habe, erkläre ich, wenn es um Chaostheorie, aber auch um das Gesetz der Anziehung geht. Es gibt ja das Sprichwort „Wie man in den Wald hineinruft, so schallt es heraus" darin steckt eine sehr umfangreiche Bedeutung. Dies gilt auch für jeden Schaffensprozess. Schaffst du etwas halbherzig, kommt was halbherziges heraus, schaffst du etwas in vernebeltem Zustand, kommt auch nur ein solches Produkt heraus. Alles was du schaffst und damit ist auch jeder Gedanke, jedes Wort aus deinem Munde gemeint, erzeugt irgendwo im Universum ein Produkt, eine Energie, eine Materie. Dieselbe oder eine ähnlich gelagerte Energie könnte irgendwann auf dich zurückkommen. Aber dazu ein anderes Mal mehr. Ich hatte ja auch die Anagramme zu Baum der

Erkenntnis angekündigt und folgende möchte ich mir jetzt einmal anschauen.

BAUM DER ERKENNTNIS

DES KEIM UNTRENNBAR

DEM IST UNERKENNBAR

IRRES DEM UNBEKANNT

DENK M.T. RREN BAU EINS

R NAMEN KINDERSTUBE

M KENNBAR STUDIEREN

MUSIKERN ABERNTEND

DEM INNER AB KRUSTEN

AB SERUM TRINKENDEN;

DER UM ABERKENNTNIS

MERKT NUN ABREISEND:

ERDE BANN; KNIE TURMS

AB SEKUNDE TRENN MIR

ABEND. KEIN STERN RUM

AB DEM KERN UNTER INS

ENDE. AB NR TUN KIRMES

RINDE AB - STURM KENNE

RINDE KERNEN MUTS AB

AB STURM KENNER NEID

NUN AB DEM TIERS KERN

ABEND UMRENNT KREIS

AB SINKEN TURM ER END

ABEND TRINKERS MENU

AB DEM SEKT RENN RUIN

ABENDS TRUNKEN REIM

ABEND ER STINKEN RUM

AB ERTRINKEN MUNDES

TRINKER UMS ABENDEN

ABEND IRRTUM SENKEN

AB STIRN - ER UMDENKEN

DENKE IM STERN, NUR AB

MANN BETE RUND KREIS

EDEN REN MIR KUNST, AB

ERST DENKERN IN BAUM,

DER UM ERKENNTNIS, AB

DEM NUR KEINS AB TRENN

AB END, RENK TURM SEIN

AB END; KERN UNS REIMT

BAKST REIM RUNEN END

UNI - AB DEM KERN STERN → UNI (ein, eins)

Man merkt, je länger man sich mit der Anagramm –Materie befasst, umso klarer erscheint das Bild der Schöpfung. Auch die Metapher Uni für Universum, Vereinigung, EINS - Uni um Vers, Turm für die schöpferische Größe etc. werden klarer. Das Potential weiterer Erkenntnis erscheint noch viel größer. Als ich die Anagramme zu Himmel und Erde in den Übersetzungen untersucht habe, habe ich nicht einmal berücksichtigt, welche Worte aus den anderen Sprachen erscheinen würden und welche Sinnzusammenhänge diese erzeugen. Aber auch andere Übersetzungen, Urtexte von Schriften wie die Bibel warten darauf in ihren Anagrammen untersucht zu werden. Denn, dass ich die Lutherbibel gewählt habe, liegt wahrscheinlich daran, weil ich es darin entdecken sollte, das heißt aber nicht, dass ähnlich gelagerte Erkenntnisse oder neue nicht auch in anderen Schriften erscheinen.

Das Ausgangswort oder die Wortkombination, die auf ihr Anagramm Potential untersucht werden möchte, ist im Prinzip der Code. Diese Basis schreibt genau vor, welche und wie viele Buchstaben wie oft verwendet werden. Und genau das ist das clevere in bestimmten Anagrammen, dass sie durch diesen Code eben auch nur bestimmte Sinnzusammenhänge zu lassen und keine anderen. Und das immer in einer 2 zu 1 Lese Form. Ich möchte das Mal anhand der Anagramme zu „Macht euch die Erde untertan" veranschaulichen. Ich habe den Satz in zwei Teile geteilt, es lässt sich aber auch an anderen Stellen der Schnitt machen. Die Ausgangsbasis offeriert dann vom ersten Schnittteil gelesen die potentiellen Gegenstücke. Für welche du dich dann entscheidest, ob du es aus dem Geist-Ego heraus oder aus dem Herzen liest, bleibt dir dann zunächst überlassen. Aber letztlich werden die Botschaften so klar, dass sie dich auf eine Leseart und das ist die des Herzens leiten möchte.

MACHT EUCH DIE ERDE	UNTERTAN
´CH ACHTE UM DIE ERDE	TUN RATEN
RECHTE IDEE UM DACH	RATET NUN
DACH DU ECHTE REIME	TUN ARTEN
DEDICATE EUCH MEHR	ART UNTEN
RAECHT MUEDE DEICH	REN UNTAT
DICH RAUCHE DEM TEE	NA TURNTE
DADURCH CHEMIE TEE	TAT URNEN
MACHETE DURCH IDEE	TAT RUNEN
DACHTE ICH ERMUEDE	NUN RATTE

DEDICATE = engl. WIDMEN

Wir kommen dann so langsam zum Schluss der heutigen Ausgabe, du hast noch ein paar Anagramme mitgebracht.

Ja, diese möchte ich mal einfach kommentarlos in den Raum stellen. Und darauf hinweisen, dass die Reihenfolge der jeweiligen Anagramme eines Codes durchaus eine andere sein kann, da ich bis dato nicht die entsprechende Reim Form, von der immer gesprochen wird, entdeckt habe.

LIEBT LESBARE

BIBEL RAETSEL

LEITER BABELS

BABEL TEILERS

BI ALLERBESTE

LEB STABILERE

BEST LIBERALE → BEST (beste), LIBERALE (FREI)

REAL BIBELSET

ERLEBE AB STIL

PARADIES

DIES PAAR

SEID PAAR

DAA PRIES

DAA PREIS

ALLMAECHTIGE SCHOEPFER

CHEF ERMOEGLICHE PALAST

O FACH MEHRSTELLIG PEACE → PEACE (Frieden)

RAET PFLEGE CHIC E SHALOM → SHALOM (hebräisch. Frieden, Heil, Unversehrtheit)

ACH MACHE OFT SPIELREGEL

MACHE TELEGRAFISCH POLE

SOLCHEM FACH PEILGERAET

FEE CAM PHASE LICHTORGEL → CAM (kam)

HE ECHTE SCALA PRIMFOLGE → SCALA (Skala)

ECHOS ELFMAL PRAECHTIGE

CALL, GEHEIM POSTFAECHER → CALL (Anruf, Ruf)

APFEL GEOMETRISCH, LACHE

ACH GESCHOEPF MATERIELL

MACH, GEFALLE POETISCHER!

IN THE BEGINNING GOD CREATED → Am Anfang schuf Gott...

BERECHTIGEND IN TON GNAEDIG

ARTIG HINGEBEND TON CD GENIE

GOD ERDACHT INNIG IN GEBETEN

DEN GOD G NICE HEIRAT BEGINNT → GOD (engl. Gott), NICE (engl. nett)

DACH BOT DEN GEEINIGTEN RING

AB EIGENSTE

EI BESAGTEN

SIEBEN TAGE

AB GEEINTES

SEITE GABEN

ABTES GENIE

EIGENE STAB

GEBEN SAITE

NA BESTEIGE

AN GEBIETES

AST GEBEINE

SAG IN BETEN

ES WERDE LICHT

ER DICH WELTES

DIR WECHSELTE

WELCH IST ERDE

WES LICHT ERDE

DES WELTREICH

SICH WERT EDEL

ES WERD LEICHT → WERD (werde, wird)

UND GOTT SPRACH

STOP, ACHT GRUND! → Achte auf den Grund, auf dem du lebst

SOND GUT PRACHT → SOND (kurdisch. Eid)

PART CD SOHN GUT → PART (engl. Teil)

MORGEN UND ABEND

AB ERDEN UND GNOM → Mensch hier als Kleinwüchsig?

UMGAB DONNERNDE

AB DU RENN DOGMEN → festgesetzter Lehrsatz, der als feststehend gilt, insbesondere in der Kirche

NUN GAB ERDEN DOM → DOM (Kirchengebäude)

DU BEGANNEN MORD

DEM AB ORDNUNGEN

AB RUNDEN DOGMEN

UND BOGEN DRAMEN

BRANDNEU DOGMEN

UMGABEN ORDNEND

BAD MUND GOENNER

DA OBEN GERN MUND

UM BON GRAND ENDE → BON GRAND (franz. gut und groß)

BUND OMEN GARDEN → BUND (Verbindung), OMEN (Vorzeichen), GARDEN (engl. Garten)

ARM ERDIG TAU

DA TRAUM GIER

DRAMATURGIE

MADIG TRAUER

MAGIER DU RAT

DARUM AGIERT → AGIERT (handelt)

DU AM GITARRE

DU MAI ERTRAG

ADAM IRRE GUT

MUTTER NATUR

TUT UNTERARM

TURNT RAEUMT

TUT ARTEN RUM

UNTAT MURRTE

ARMUT TURNTE

MUTTER NATUR

RAET TUN TURM

RETURN UM TAT → RETURN (Rückkehr → Wiedergutmachung)

BD SELEN SINNES → SELEN (SEELEN)

LESE BINSEN DNS → BINSEN (weit verbreitet, knotenlos)

BINSEN ENDLESS → ENDLESS (endlos)

SILBEN SENDENS

SINN DES LEBENS

LEB DESSEN SINN

IM HIRN ERHEITERST

MIT THESEN IHRE IRR

HERMES HIERIN RITT → HERMES (Götterbote)

TERMINE IHRES HIRT

HIER IST MIT HERREN

HERR IST MEIN HIRTE

HINTERHER IST REIM

DIESE WELT EIN TEIL VON DIR

WIR EDEN; TEILS VIEL IN TODE

LIVE WIR SEITE NOT LEIDEND → LIVE (hier: aktuell), NOT (doppeldeutig – irdische Seite potentiell von die Not, weltlich potentiell – nicht)

EINSIEDLER WEILT IN DEVOT → DEVOT (unterwürfig)

VIEL LEID WIE NOT DEREINST

DIV TEIL EIN ORT LEIDWESEN

VOR WILD IDEEN EINES TEILT

DR WEIS LEITE IDEEN IN VOLT → VOLT (Maßeinheit für Spannung)

TEIL NIE SOLIDE VERWINDET → SOLIDE (fest, massiv)

WINDEIER INS VIOLETTE LED → WINDEI (nur mit dünner Schalenhaut), LED (Leuchtdiode)

EIN DIODE VERWEST NIL EILT

EIN TEIL WILDNIS VEROEDET

DIE TODESLINIE VERWEILT

RODETE EIN TEIL WIND VLIES → RODUNG (Gehölzentfernung), Vlies (fließ, floß)

DES TON DIE LINIE VERWEILT

WIEDER LITTEN SO VIELEN ID	→ ID (IDEE?)
INTERVIEW ENDET LEID OILS	→ OIL (Öl) hier als Umwelt-Leid
IDIOT VERWEILT NIE LESEND	
TEIL EIN WORD VISITEN EDEL	→ VISITEN (besuchen)
DIES WORTIDEE LEIN VENTIL	→ LEIN (hier: leihen? – verleihen)
WIR SO VENTIL LEITIDEE END	→ VENTIL (Gefühlen freien Lauf lassen)

So, das war es wieder für die heutige Sendung, ich freue mich auf das nächste Interview. Bis zum nächsten Mal.

INTERVIEW 6: BOTSCHAFTEN UND ANLEITUNGEN

Hallo Leute, herzlich willkommen zur sechsten Ausgabe von Werhatdieidee – TV, mein Name ist Silvio Tunnels und mein Studiogast ist heute wieder Micha Thiel. Hey Micha. Was hast du uns heute mitgebracht?

Heute geht es um Anleitungen aus dem Weltlichen. Teilweise sind in ihnen auch Warnungen enthalten, wie vor Umweltverschmutzung, Raubbau und Zerstörung, Kriegen etc. Anfangen möchte ich mit einem sehr langen Anagramm-Code, der einen passenden Übergang von der letzten Sendung zur jetzigen schafft.

SCHAUT EDEN FILM AN

NAMHAFTES INCLUDE → INCLUDE (engl. einbeziehen)

MACHT EDEL SINN AUF

`CH LUEFTE SINN ADAM → CH (potentiell weichere Form des härter klingenden EGO ICHs)

SCHAUT FILMENDE AN

SENDE MIT NACHLAUF

CD AUFNAHME LISTEN → LISTEN (engl. hören)

DAN SUCHT FILENAME → DAN (dann), FILENAME (Dateiname)

STUFE IM NACHLADEN

DISC UM AHNENTAFEL → DISC (Diskette), Ahnentafel (Stammbaum)

NEHMT CAUSAL; FINDE   → CAUSAL (engl. Ursächlich)

SCALA; FINDEN MUEHT;   → Scala (Skala)

MANCH TAIFUN DES EL   → TAIFUN (tropischer Wirbelsturm)

FEIND; NEHMT CAUSAL

CAUSAL NIMNT FEHDE   → FEHDE (lang andauernder Streit)

UNTIEF AM DNS; LACHE

UM DISC AHNENTAFEL;

LES FEIN NACH DATUM

A DA; EIN LUFT MENSCH

A DA; ECHT FILMEN UNS

D MUSIC AHNENTAFEL   → D MUSIC (dur – Musik?)

ICH FUNDAMENTAL ES   → FUNDAMENTAL (grundsätzlich, radikalere Denkweise)

UM DISC AHNENTAFEL

ES FUNDAMENTAL ICH

EIN LUFT MENSCH; DAA

MUT; ´CH FEILE AN DNA` S

DA SANFT; MUEHE NIL; C

83

SCHUFEN NIL ET ADAM

ADAM SCHLIEF UNTEN

NANU SEITDEM FLACH

FLACH UND AMNESTIE → AMNESTIE (altgr. Vergessen)

NA AN FLUCH SEITDEM

ADAM FLEISCH UNTEN

ADAM FLEISCH ET NUN -

NSEC FLEHT: „UNI, ADAM,

NICE ADAM FEHLT UNS!"

CFSN: „ADAM HUETE NIL!"

FESCHE ADAM TUN NIL → FESCH (gut aussehend)

LE ADAM SCHUFTEN IN → LE (franz. der)

ADAM FLUCHT IN SEEN

IM SANDALEN FEUCHT

U EI MANCH FESTLAND

NACH SAND TIEF EL UM

FELS DU IN ATEM NACH

STEIN FLUCHEN ADAM

ADAM FLUCHTE SINNE

EUCH LAND MANIFEST	→ MANIFEST (bekunden, offenbaren)
ADAM SCHUFTEN LEIN	→ LEIN (allein)
ADAM SCHNEIEN LUFT	
ADAM SCHEINEN FLUT	
AM DEICH ANS FLUTEN	
ADAM IN SCHNEE FLUT	
FANATISCH UM ELEND	
FISCH ENTEN A DA MUL	→ MUL (estnisch – mir), MUL (Müll?)
FISCHE TUN AALEN DM	
A DA NEST MEIN FLUCH	
ADAM LINSEN FEUCHT	→ LINSEN (Augenlinse)
IN SNCF ADAM HEULTE	
ADAM FLUCHT SEINEN	
ADAM TUNLICHE SENF	→ sprichwörtlich: Senf dabeigeben
DAMALS ECHT UNFEIN	
SNCF HELIUM ET NADA	→ HELIUM: Chemisches Element mit Ordnungszahl 2, ET (franz. und), NADA (spanisch: nichts)

85

LUFTMENSCH EI NADA

ADAM ICH TUN FELSEN

ADAM STEINEN FLUCH

SEC FUEHLT ADAM INN → SEC (Sekunde?), INN (fühlt in sich, hört in sich hinein)

MEIN SET, NADA FLUCH → SET (Wüstengott in ägyptischer Mythologie, gilt auch als Gott des Chaos, verantwortlich für Sturm), SET (auch: dritter Sohn von Adam und Eva)

ADAM FISCHT LUENEN

MT DE NIL HANF SAUCE

HANF NUDEL MIT CASE → CASE (Käse???)

ADAM NUN SCHILF TEE

ANISTEE FLACHMUND

IN DATA MUS FENCHEL → DATA (in das da?), MUS (muss)

CHEF MEINT AUSLAND

ADAM FLUECHTEN INS

TUNIS ADAM FENCHEL

ADAM FEILSCHEN TUN

DAMALS CENT EIN HUF → alte Währung?

DANACH IM TEE UNS L

IM FUSEL DACHTEN AN

NA DA NICHT ELF MUSE → MUSE (anregender, inspirierender Mensch)

ADAM EIN FESTLUNCH → LUNCH (engl. Mittagessen)

DEM TISCH ANFAULEN

SAFTLADEN ICH MENU → MENU (Menü)

ACH EL FAN DEM TUNIS

ICH MUL FEE ANSTAND → MUL (estnisch – mir)

HE FANTASIEN MUL CD

ADAM SCHLUF INNE ET → SCHLUF INNE (schlief ein?)

A SEHN IN UMFELD ACT → SEHN (sehen), ACT (engl. Handlung)

NEU DM ANAL FETISCH → ANAL (analytisch?)

AFTA LENDEN MUSCHI → AFTA (After – hinter, hintern)

ACH FISTELN DAUMEN → FISTELN (Disteln?)

ACH NINA MELD STUFE → MELD (mild, milde)

ACH SANFT DU MEIN EL

LUFTMENSCH DIE ANA

CATENA DU SEHN FILM

LAUF DEM STEIN NACH

NACH MIST LAUF ENDE

SIE EL DU MANNHAFT C

DA STUFE MAENNLICH

NEIN CHEF LUST ADAM

ADAM SCHLIEF NUTEN

ICH FATALEN MUNDES → FATAL (verhängnisvoll)

MAL DICH SAFE NUTEN → SAFE (sicher)

AN FAULENDEM TISCH

A DA CENT FEHL MINUS

EIN HUF DAMALS CENT

ADAM CHEF SENIL TUN → SENIL (vergreist)

NEU SALAT CHEFIN DM

EL ADAM SCHUFT NEIN → EL (spanisch – er, der)

DM SAUNA CENT HILFE

LUEFTCHEN IN DAMAS → DAMAS (Damaskus, Syrien?)

EL ADAM FEUCHT SINN

FANI LUST MAEDCHEN → FANI (funny – lustig)

EL SCHAM FAND EI NUT → SCHAM (Charme?)

EL MACHTS DA UNFEIN

EL MANCH SAFT UND EI

EL MACH DA STEIF NUN

ACH MANN SUD TIEF EL → sud (zu?)

ACH NA MUND SEIFT EL

ADAM FLUTSCHEN NIE

ACH MAN UND STEIF EL

CHINA FADEM TUNS EL → damals Kontakte zwischen China und Tunis???

STUMEL CHINA FADEN

MACH STAU FINDEN EL

EL CHAM TINA DU SENF

EL CHAM SAFT EID NUN

ACH AN MUND STEIF EL

LUTSCHEN FEIN ADAM

ADAM FLUTSCHE INNE

NACH FAD MIES NUT EL

EL MANCH FAUST NEID

EL MANCH DA FIES TUN

AU EL MATSCH FINDEN

NACH FAN DU MEIST EL → FAN (FUN – engl. Spaß)

MANNSCHAFT DU EILE

DIE ELF NUN ACHTSAM

UM LEIDEN FASNACHT

DAMENHAFTE LIN CUS → CUS (Kuss?)

CUS ANHALT MIEFEND

CUS ANHAFTEND LEIM

NADA ELFEN UM TISCH

NA DA ELF TISCH MENU

AUSMACHEN DEN TILF

HC MEILENAUFSTAND

´CH ELF TUN EINS ADAM

´CH ALA DIN FESTMENU

ALADIN FESCHEN MUT

UMS FECHTEN ALADIN

FANATISCHE MULDEN → MULDE (z.B. Schuttmulde)

ANSTACHELN DU MIEF

LUFTMENSCH DIE ANA

CFSN ADAM HEILE TUN

AU MENSCH LAND TIEF

DIES NAME NACH LUFT

NACHNAME DU FIELST

UNACHTSAME IN FELD

MIES DUFT ANLACHEN

ADAM SCHLIEFEN TUN

DAMALS CHEFIN NUTE

ADAM SCHLIEFEN NUT

DAMALS FEUCHT INNE

IM FATALEN SUCHEND

EL SATANE MICH FUND

DANTE FLUCH EINSAM → DANTE (z.B. Dantes Inferno)

MISCH END ANLAUEFT

´CH ADAM TEUFEL SINN

EUCH TIEFLANDS MAN

DEM NUN FATA SICHEL → FATA (rumänisch – Front), FATA (VATA – VATER)

DEM NUN FATAL SIECHE

AM END MIT SCHAUFEL

CD HUF NIMNT AASE EL

MADE IN ASCHENLUFT → made (gemacht)

DA TAFELN UM NISCHE

NISCHE DEFAULT MAN → DEFAULT (hier: nicht erfüllend, Mangel?)

C END TALISMAN HUFE

C L MANDAT HUFEISEN → MANDAT (Auftrag)

`CH ADAM FIES TUNNEL

DA AM TUNNEL SCHIEF

UNTIEF SCHANDMALE → SCHANDMAL (Zeichen der Schande)

ES FLUCHEN DIAMANT

SALADIN FECHTEN UM → um 1170 Sultan von Ägypten, eroberte Jerusalem zurück

ES DIAMANTEN FLUCH

UM DISC AHNENTAFEL

UMS LAIENHAFTEN CD

FATA MENSCH IN DUEL → FATA (rumänisch – Front)

FINAL UND SEEMACHT

AT MANUEL FISCHEND → at (beim)

ISAAC NEHMEND FLUT

ISAAC DEM FEHLT NUN

LUFT ISAAC NEHMEND

DEM ISAAC FLEHT NUN

DEM ISAAC HELFT NUN

DENN HELF ISAAC - MUT

HAI FLUT SEEMANN CD

´CH AUFATMEND INSEL

UM DISC AHNENTAFEL

ADEL SCHNAUFTEN IM

FEINEN TUCH; DAMALS

FALTEN; SCHAUEND IM

ADEL; TUSCHEN INFAM → TUSCHEN (tuscheln), INFAM (durchtrieben, niederträchtig, bösartig)

MAIN; ADEL TUN FESCH

ADEL AM SINN FEUCHT

ADEL NUN FACHE MIST → FACHE (entfache)

UM DISC AHNENTAFEL

IN FACTS UM HAENDEL → FACTS (Fakten, Tatsachen)

ICH AMADEUS FLENNT

EL FUND MANCH SAITE

ANHAND ELFTE MUSIC

ANHAFTEN MUSIC LED

SUCH ANMALEND TIEF

MUST LIED ANFACHEN

UM DISC AHNENTAFEL

ANSICHT AUF MENDEL

DU AHNT C FEIL SAMEN

FACH UND TEIL SAMEN

ANHALT FUNDES CEIM → CEIM (KEIM)

FEUCHT MAIS NADELN

UM DISC AHNENTAFEL

AUF MACHT DES LENIN

LIEF MAN AN DEUTSCH

LAND IM AUSFECHTEN

IN DEUTSCHNAME ALF → ALF (Adolf)

HITLE CAM NEU F NSDA → Hitler kam neu für NSDAP

UNMENSCH FATALE ID → ID (Idee)

DEUTSCHMANIEN ALF → MANIE (psychische Störung)

LANDSCHAFE NIE MUT

94

FAUCHEN MIT LANDES

FEIN SCHAUEMT LAND

HEIL AN MUNDE FACTS

LUNATIC HEADSMEN F   → (engl. Wahnsinnige Henker)

FINAL AMEN DEUTSCH

UM DISC AHNENTAFEL

HITLE FANS NAME CD U

FANTASIEN CD U HELM

FAHNENMAST CD U LIE   → LIE (engl. Lüge)

C THESE NUN FILM A DA   → es könnte sein, dass in Namen von Parteien der Buchstabe C als Abkürzung für christlich steht, habe das schon mal irgendwo gehört

IN CS U FEHL MANDATE

M D ANTI NSU FLAECHE

FLUCH SIE MANDANTE

CHEF UNI LANDESAMT

N – FAN SUDELEI MACHT   → SUDELEI (unsauber, dreckig, schlampig..)

TUSCHELN DEN MAFIA

TAUSENDMAL CHEFIN

MANN SCHUF DATEI EL

SCHUF DATEINAMEN L

DAMA INCL HEFTE NSU → DAMA (spanisch – Dame)

IM NUN DA FAELSCHTE

SAH FILENAME TUN CD → FILENAME (Dateiname)

CD HAT FILENAME NSU

MANCH FAND ETUIS EL → ETUIS (Verpackung)

CA DA UM SINNE HELFT → CA (es, das, deswegen, deshalb…)

UM DISC AHNENTAFEL

`ELCH FUNDE MIT NASA → ELCH (welch, welche?)

MANCH DIAS LUEFTEN

A FUND ALCHEMISTEN → A (ein)

`ELCH DIENT DEM FASAN

AETA. MENSCHN = FLUID → AETA (Aether – griechische Mythologie – oberer Himmel, Aither – Urfeuer bei den Stoikern, aus dem alles Seiende entstand, welches durch göttliche Vernunft beseelt ist), FLUID (engl. Flüssigkeit)

UM `ELCH SAAT FINDEN

EL, DEN FASAN IM TUCH

DAMALS EUCH FINTEN

UMSAH DECENT FINAL	→ DECENT (franz. anständig)
AETSCH, `LEIN MA FUND	→ allein mein Fund
EL, NICHTS DEM FAUNA	
AN LUFT STAND CHEMIE	
A DA NEHMEN C SULFIT	→ C (Kohlenstoff)
SULFIDE, METHAN, NA, C	
TUNS FAHNE MEDICAL	
FACH LATINUM ENDES	
CADA UNS MITHELFEN	→ CADA (spanisch – jeder)
MENSCH DU IN FATALE	
MAFIA ELEND. ´CH TUNS	
SEHEN AN LUFT. M D CIA	
AUF MACHT INS ELEND	
CIA FAHNDEST LUMEN	→ LUMEN (lateinisch Licht, Leuchte)
FANS CAI HELDENMUT	
IN DEMNAECHST FLAU	
FAUST END LEICHNAM	
ENDSTUFE MICH ANAL	
ADIEU FLENNT SCHAM	
FINALE SCHAEMT UND	
SEND MUT; ACH FINALE	

CA DA UM SINNE HELFT

INS FACH AN EDELMUT

MAN SUCH LEITFADEN

FACHE SINN MUT; DEAL → DEAL (Tausch)

FILM; DANACH NEUSTE

STUNDE; MACH FINALE

FINALE: ACHTE UM DNS

TIME FAND SCHLAUEN → TIME (engl. Zeit)

FAN CINEAST HELD UM → Cineast (Filmschaffender, Filmkenner)

ECU FILM NAHESTAND → ECU Film Festival unabhängiger Filme

FILM CANNES HUT ADE → Cannes Film Festival

NASA TEUFELN IHM CD

MICHA ENDS `NLAEUFT

A DA HELFT MEIN SUN C

NA DA FUEHLST MEIN C

UM DISC AHNENTAFEL

CHEF NUN TEIL SADAM → SADDAM Hussein?

AM SCHUFTE ´IN LADEN → IN LADEN – Bin Laden?

USA HAFTEN INCL DEM
LANDSCHAFTEN IM EU
DIES NUN CHEF MALTA
CASA IN MUT FEHLEND
LADEN FEST UM CHINA
DAENISCH TAFELN UM
CASHED IN FLUTEN AM
CDU IM FASELN ATHEN
FAEDEN IN SCHULAMT
MACHEN FAL STUDIEN
UN FAME LADENTISCH → UN (franz. ein), FAME (engl. Ruhm)
NEID AMT SCHAUFELN
SCHUFT AM EINLADEN
FLUCH IN SENAT DAME
IN FAME DEUTSCHLAN → FAME (Ruhm)
D MEIST NACHLAUFEN
LUTSCHEN MEDIA FAN
HEIMATLAND SENF CU → CU (see you)
CUFEN HEIMATLANDS → KUFEN (tragendes Element einer Konstruktion)
C MISTHAUFEN LANDE

AUF CENTS IM HALDEN

AUF CENTS IM HANDEL

AFD NEUEN MIST, LACH

AFD MANISCH LEUTEN → MANIE (psychische Störung)

AFD LUNTE MASCHINE → LUNTE → langsam glimmende Zündschnur

UM DISC AHNENTAFEL

AUF EINSCHALTEND M.

T. INS UMFELD AACHEN

FUEHLT INNE MAAS CD → MAAS (Fluß)

SAH ENTE IN CD UM ALF

DENN MICHA LAEUFTS

MIT FELD ANSCHAUEN

DAT FILMCHEN SA NEU

M INS NEUE FALTDACH

FALTDACH NUN MIESE

MIST NUN HELFE ADAC

EL; ACH DENN UMS FIAT

IN ECHT EL MAAS FUND

THIEL FAN AM ESC UND → ESC Eurovision Song Contest

DATA HE FILM NUN ESC → HE (engl. er)

DEUTLICHES FANMAN	→ stimmt
ACH FEIN UM ESTLAND	→ Mai 2001
THIEL CAFE ANS MUND	
FUCHTELN MENSA DIA	
STUENDLEIN AM FACH	
MANN ES AUF CD THIEL	
AUFHAENSELN MIT CD	
AUF CD LIST EHEMANN	
MICHA STAUNEND ELF	
ACH DU MALT FEE SINN	
MICHA ES FAD TUNNEL	→ FAD (nach nichts, wenig)
MAN AUFS LICHTENDE	
LEIMST FUND AACHEN	
FILMCHEN AUS DATEN	
SEND MICH; NA FAULTE	
ACH NA FUND TIMES, EL	
EL, MACH FAST NUN DIE	
UNI END MACH FAST, EL	
SCALA HEFT IN MUNDE	
FAST UND MEIN ACH EL	
LEUT SEID FACHMANN	

FACHMANN LUST IDEE

EL DU FACHTEAM SINN

ACH MA FINDET UNS EL

LUFTMENSCH DIE ANA

ACH NAME IST FUND EL

EL FACTS DEIN HUMAN → die Tatsachen dein Mensch

FUND ALTE MASCHINE

AUF LACHENDEM INST

IN ELF SCHEMATA UND

DISTELN AUFMACHEN

DANACH UM TEIL SENF → der Senf, der dabei gegeben wurde

ACHTSAM FEIN LUDEN → LUDEN von laden, einladen

ACHT AM FEIN LUDENS → HOMO LUDENS (schöpferischer Mensch)

DANACH NEUES FILMT

FILMT ANSCHAUENDE

NEUE LANDSCHAFT IM

MAILAND FUCHS ENTE

DANACH STIEFELN UM

HAUS DECENT FILM AN → DECENT (ANSTÄNDIG)

DEM SINN LAUFE ACHT

FACTS DU IHN NAME EL	→ Tatsachen im Namen (Nomen est Omen?)
FACTS DU HEIL NAMEN	→ Namen zu verheilen
DEM NACHLAUFEN IST	
AL MEIN FUND TASCHE	
FACTS MENU HEILAND	
ACH DANN TIEF UMS EL	
SUCH ELFEN DIAMANT	
ACH MANIFEST UND EL	
ACH SANFT DU MEIN EL	
DM EINFACHEN SALUT	→ DM (DEM), SALUT (Hallo)

AM END AUFSTICHELN

IN SCHELME FAND TAU

ANSTACHELN DU MIEF

ALEMANNISCHE DUFT

NA UM LEIDENSCHAFT

MAI FANS LEUCHTEND

AM NEU FAND ES LICHT

UMSICHT LAND AN FEE

AN CASTLE FUND HEIM → CASTLE (SCHLOSS)

MAI DUFT NACHLESEN

DM AUFLACHEN NIEST

ACH DUFT IM NASEN EL

AM TAL FEIN DUSCHEN

ACH DA ELFEN INS MUT

NEIN SCHAU M.T. DA ELF

HUMANIST DANCE ELF → DANCE (TANZ)

M.T. DA SAH ELF IN NEU C

LACH DA; FEEN MIT UNS

DA HAFEN C MIT SUN EL → SUN (Sonne)

SAFTE AM UNENDLICH

MAIN FUEHLST DANCE

TAUSENDFACH MEIN L

EDEN FILM ANSCHAUT

SCHAUT ENDE FILM AN

Ich muss dabei sagen, dass dieser Anagramm Bericht, noch nicht vollständig ist. In einigen wenigen Zeilen erscheinen einzelne Buchstaben. Das liegt daran, weil ich die entsprechenden Anschlusszeilen noch nicht entdeckt habe. Daher kann es bei der Reihenfolge der Sätze durchaus Fehler geben, aber es wird dennoch schon eine ganze Menge in diesem Anagramm Code verraten, das durchaus Wahrheiten enthält.

Interessant an diesem Code ist, dass sich aus ihm ca. 3000 häufig benutzte deutsche Wörter bilden lassen, aber das Entscheidende ist der verbleibende Rest, welche Wörter lassen sich aus dem jeweiligen Rest bilden. Hierin liegt das Geheimnis, denn aus dem Rest lassen sich nur ganz bestimmte Pendants bilden, die nur so und nicht anders erscheinen. Wie auch beim Baum der Erkenntnis – Anagramm lassen sich aus dem cleveren Buchstabencode nur zwei Geschichten erzeugen, die einen Kontext verdeutlichen. Eine, die alles von der weltlichen optimistischen Seite aus, eine andere aus eher pessimistischen Interpretationsmustern. Für welche Interpretation entscheidest du dich, denn nur eine macht Sinn und führt zum EINSSEIN.

Wir haben jetzt Anagramme aus Buchstaben untersucht, aber wie ist es mit anderen Schriftzeichen?

Da gibt es meines Erachtens andere Lesbarkeiten. Bereits die Anagramm-Variante, offeriert so viel an Erkenntnis, bei anderen Schriftzeichen ist es genauso vorstellbar, müsste aber dementsprechend untersucht werden. Ich denke schon, dass auch hier jedes Zeichen im 2 zu 1 Prinzip Sinn machen werde. Ein Beispiel wäre die Laguz Rune. Bei Futhark erscheint sie als 21. Rune, was auch auf das 2 zu 1 Prinzip hindeutet. Rückwärts gelesen klingt aus LAGUZ - ZUG ALL. Also Zugang, Weg zum All. Die Rune steht für den Lebensfluss, das Wasser und den Wasserfall. Horizontal gespiegelt, ergibt sie wieder eine 1. Kombiniert man beide Spiegelvarianten, erhält man einen Pfeil, der nach oben verweist. Im Wort Pfeil ist das Wort life zu entdecken. Ein Liebespfeil spielt auch bei Eros, Gott der Liebe in der griechischen Mythologie eine Rolle. Bildet man ein Anagramm zu Eros, erhält man Rose, ebenfalls ein Sinnbild der Liebe. Der römische Liebesgott heißt Amor. Rückwärts gelesen bekommt man

Roma heraus, welches auf seine mythologische Herkunft verweist, usw.

Auch von Symbolen zu Metaphern gibt es zureichend Hinweise, die nicht nur miteinander verbunden sind, sondern auch auf die Verbindung des 2 zu 1 hindeuten. Es ist ein riesiger Intertext an Bezugnahmen, Teekesselchen, der existiert und der jetzt unbedingt von der weltlichen Seite aus interpretiert werden möchte. Für alles gibt es zwei Alternativen, Gegensätze, Wegweiser, etc., doch entscheidend ist, welches der jeweiligen Zwei du wählst und dies ist richtungsweisend für das weitere. Man darf sich für jene Seite entscheiden, die das 2 zu 1 offeriert. Ich habe noch weitere Botschaften mitgebracht, die uns auf den Weg bringen möchten, uns besser um die Umwelt zu kümmern.

UNEDLEM KARTEI	→ KARTEI (SAMMLUNG)
DU EINEM REKTAL	→ Den Enddarm betreffend
IDEEN UM KARTEL	→ KARTELL (positiv – Zusammenschluss, negativ – z.B. organisierte Kriminalität)
LAUTENDER KEIM	
MAKIERT UNEDEL	→ MAKIERT (markiert)
KALTER IDEEN UM	
DUNKLE MATERIE	
LEIMT KAUERNDE	→ kauern (sich zusammenkauern, hocken, ducken)
UM LEEREN DA KIT	→ Kit (kitten)
KAELTER UM DEIN	
DIE UM ERKALTEN	

IN A KEL MER DUET

DA KLEINERE MUT

EINRAD EKEL MUT

IDEENARM KULTE

KIELRAUM ENDET

DATEI KRUEMELN

UNI REDET: MAKEL → MAKEL (Fehler, Unreinheiten)

MUNDE EI KLAERT

MEIDET NUKLEAR

TUN KLAREM IDEE!

MANIKUERT EDEL → pflegt Edel

LAIE DENKE TURM

KULTE DA REIMEN

DU REIMEN TALKE

MIR LEUTE DANKE

HI CERN BLEICH SEELENGUT	→ CERN (Organisation für Kernforschung im Kanton Genf, Schweiz)
CLUBE RECHNEN HIGS TEILE	→ CLUBE (CLUB), HIGS (HIGGS) → HIGGS TEILCHEN BZW. HIGGS BOSON
EILEN BUCH HICS ENGLERT	→ HICS (HIGGS, Peter;ENGLERT, Francois –

Nobelpreisträger für Physik 2013)

LICHT EBENEN SCHULE GIER

NICE LUST HEBELCHEN GIER

GIER CLUEBCHEN SEHN EILT

TEIL SUCHEN GIER BLECHEN

TEILCHENBESCHLEUNIGER

GIER BELEUCHTEN SICHELN

CERN HEILE BESCHLEUNIGT

UCH LEBENSLICHT ENERGIE
___

BIO CHE ELEMENT

EBENE LOCH TIME

NEBEL ECHO TIME

OMEN E.T. LEICHE B

ECHTE EMBOLIEN → Verstopfung Blutgefäß

ELCHE IM BETONE

´ELCHE IM BE-TONE

BLEICH TEE OMEN

MOENCH TEE BLEI

LEBTEN CO HEIME → CO Kohlenstoffmonoxid

CO MIT EHE LEBEN

CO MIT EHE NEBEL

CO NEBELTE HEIM

NEBELTE IM ECHO

EBENEM ECHT OIL

EBENEM CO LEIHT

HEILT EBENEM CO

NEHME CO BEEILT

BEEIL CO THEMEN

NOT CHEMIE; LEBE

ECHO MEINT LEBE

TEICH OMEN; LEBE

EBENE TEICH MOL → MOLL (weiches Musikgeschlecht)

BON ´CH LEIME TEE → BON (Gut), CH (ICH), TEE (Teekesselwörter, zweite Bedeutungskonstitution)

BIENE ECHTE MOL

MOECHTEN LIEBE

FEINDEN ERNSTES

FEINDEN STERNES

INS FERN SENDETE

NIEDERSTEN SENF

ERDEN FEST SINNE

ENDES FEIN STERN

DESSEN FEE RINNT

FEEN SIND STERNE

DESSIN ENTFERNE → DESSIN (dessen, des hin)

EINST EDENS FERN

ERDEN SINNE FEST

EG CO OZON ORTS

CO REGT OZON SO → CO (Kohlenstoffmonoxid)

CO ZOG EROS NOT

ZORN SOGTE COO → COO → CO2 (Kohlenstoffdioxid)

SORGE COO NOT Z

WEM GAR DER URNE

WEM NUR ERDE GAR

ERDERWAERMUNG

WAERMERE GRUND

WEN DUERR MAGER

WRM DAUERREGEN

GAR WUNDER MEER

ER DA REGENWURM

DA WUERMER GERN

DARM ERWUERGEN

GE RUM WANDERER

RR WEGRAEUMEND

DA ALLEM WINK → WINK (hier: SIGNAL)

KLIMAWANDEL

ALL WINDE KAM

WILDEM KANAL

KEINMAL WALD

MAILAND WELK

DK ALM LAWINE

WIE MAD KNALL → MAD (verrückt)

DA KAM WILLEN

WANDEL KLIMA

UNRATS ZUCHT

SCHUTZ NATUR

ACH TUN STURZ

TUN SUCH ARZT

UNS ARZT TUCH

TUCH NUR SATZ

ZUTAT SCHNUR

NATURSCHUTZ

ICH VENUS BERG

VERSCHIEBUNG

BUG VENERISCH → BUG (Fehler in Computerprogramm, Schulter), VENERISCH (Leiden, Geschlechtskrankheit)

VERSUCH BEING → BEING (engl. SEIN)

BERICHT KANT TAL

TAL IN HACKBRETT

TECHNIK TRAB TAL

HALBNACKTE RITT

HACKBRATEN LITT

HALB ARTEN TICKT

HALTBAREN TICKT

ATLANT HERB TICK

KLETT IN ACHTBAR

LEB IN TAT; KRACHT

TRABANT HIT LECK → HIT (engl. schlagen), LECK (undichte Stelle, Loch)

BRECHT ATLANTIK

KITTEL NACHTBAR

ART BLICK AHNT E.T. → ART (Kunst)

BLATT KRANICH E.T.

CH ANTIK RAT LEBT

AB TAKT LICHTERN

AN TAT EHRT BLICK

THIEL BACKT TRAN → TRAN (früher: Salbengrundlage)

KNAB TRAT LICHTE

THIEL BART NACKT

KNAB TRAT LEICHT

KNAB TAT LICHTER

HERBE CO TANZ

ECHO NETZ BAR

NABE CO ZEHRT → NABE (Narbe)

BAHRE CO NETZ → Gestell zum Transport von Verletzten

BARONE ZECHT → zecht (trunken?)

HAB ZERO CENT → ZERO (Null)

BRATEN CO ZEH

HETZE CARBON → CARBON (Kohlenstoff, Kohle)

ROTZ BAECHEN

BRECHT OZEAN

AB ZECHEN ORT

AB ECHTE ZORN

BACH TEE ZORN

ACH BETE ZORN

ZECHE AN BROT

AECHZEN BROT

ABO CENT HERZ

AB RECHT ZONE

NACH BOTE ERZ

BACH NOTE ERZ

BACH E TON ERZ

GEGENWARTZUKUNFT

FUNKT ZU GARTENWEG

FUNK TRUG ATZENWEG → ATZE (Kumpel, großer Bruder)

TAGEN WER FUNKT ZU G

UNGEFRAGT NETZ UKW

AEG FUNKNETZ GR WUT → AEG (aus Erfahrung gut)

FUNKNETZ EG RAG WUT

GEWARNT ZEUG FUNKT

UKW REGENTAG ZUNFT

UKW FURZ GATTEN GEN

WUT ZU GENF GETRANK

WUT ZU GENF TAG KERN → KERN (Cern?)

WEG KRATZTEN UNFUG

WARFEN KETTUNG ZUG

KANNTE WEG FURZ GUT

KANNTE WEG ZU GRUFT

WG FUEGT ZU, ERKANNT

ZUKUNFT GARTENWEG

AN FIGUR HARTEN

FAHRIGEN UNRAT

ANHANG TIER RUF

HERAN URAN GIFT

GRAUENHAFT RIN

RUIN NAHE FRAGT

EI NARR FANG HUT

IHR ANFRAGE TUN

NATUR IN GEFAHR

FANG HIER NATUR

ERFAHRUNG TIAN → TIAN = chin. Himmel, Urgrund aller Dinge

AH FUN GITARREN

FAENGT IN HURRA

SATANS U MORD

SATAN; DU ROMS → römische Reich

SA NA; DU STROM

UM SAATS DORN

SO TRAUMA DNS

ROSA UMSTAND

NOT AUS DARMS

AROMAS DUNST

SO SAND ARMUT

DAS AN TUMORS

UMS DNS AORTA → AORTA (Hauptschlagader)

AM STAR SOUND → STAR (Stern)

RATSAM UND SO

DASS ATOM NUR

DM: NATURA SOS → DM (Deutsche Mark, Metapher für Geld?)

O A SANDSTURM

SO DARANS MUT

SO TUN DRAMAS

NOSTRADAMUS

PC TUMORE

COMPUTER

OPEC TURM   → OPEC (Organisation erdölexportierender Länder)

ROSENMOND EDEN

ER MONO SENDEND

MODERNE SONDEN

ORDNENDES OMEN   → OMEN (Vorzeichen)

SONNE ERDE MOND

DENN ERDEN MOOS

OEDE DNS NORMEN   → oede (öde – inhaltslos, vertrocknet, langweilig)

SO ENORM ENDEND

ES DONNERE MOND

DENN SO DEM NERO

DER SODOM NENNE   → Sodom und Gomorra (zerstört durch Regen aus Feuer und Schwefel in der Bibel)

DENN SO ENDE ROM

MORDENDE SONNE

RENNENDE SODOM

MORDENDES NEON

NORMEN SO ENDED

ERFINDUNG ENTDECKUNG

FUEGEN TICKEND N GRUND

DICKEN ENDUNG GRUFTEN

DICKEN RUNDUNGEN FEGT

DRUCKEN FING TUGENDEN

FUND RING GUCKTEN EDEN

SCHNEEHASEN CO

HE OCHS SEANCEN

HEOCHS SEANCEN

ES CO NACHSEHEN

COACH SEHNEN ES → COACH (Trainer, Mentor, Begleiter)

ACH SCHOEN SEEN

SO SEHE CHANCEN

SCHOENE SACHEN

CH SINNE NEONS

SONNENSCHEIN

SCHOENEN SINN

ES SCHON INNEN

SINNEN CO SEHN

NON INS SCHNEE

´CH IN SOS NENNE

Über die jeweiligen Anagramm Codes erhalten wir oft ähnlich gelagerte Warnungen, aber auch ähnlich gelagerte Motivationen es anders zu tun. Es ist ein schwieriger Weg, aber er ist schaff bar. Die ersten Schritte dahin sind entscheidend. In der nächsten Sendung geht es um die Themen Philosophie, Erkenntnistheorie, Ethik, aber auch um Wahrnehmung und Emotionen. Wir werden mal nachschauen, was uns die Anagramme sagen. Bis zum nächsten Mal!

INTERVIEW 7: PHILOSOPHIE, ERKENNTNISTHEORIE, ETHIK

Hallo Leute, herzlich willkommen zur siebten Ausgabe von Werhatdieidee – TV, mein Name ist Silvio Tunnels und mein Studiogast ist heute wieder Micha Thiel. Hey Micha. Wir wissen ja schon, dass es heute um philosophische Fragen, Erkenntnistheorie und Ethik geht.

Ja, genau und bevor ich mit dem Interpretieren beginne, schauen wir mal in einige Anagramme philosophischer Bereiche hinein.

ANTHROPOLOGIE	→ Wissenschaft vom Menschen
OH ORGIE PLATON	→ ORGIE (geheime Riten bzw. etwas, was das Maß übersteigt)
PAH LOGO ORIENT	→ LOGO (Logos? – Wort, Lehrsatz, Lehre, Rede, Sprache...)
A O TON HOLPERIG	
OH OIL PO GARTEN	
PORTO HANGE OIL	
OH LEIT PO ORGAN	LEIT (LEID?)
HARTE LOGO IN PO	LOGO (Zeichen)
GEIL PO OHR NATO	
PIRAT OHNE LOGO	
EHR OPTIONAL GO	(wahlfrei, frei gestellt)
PHILOSOPHIE	
HOH OPI SPIEL	

OI SIPPE HOHL	SIPPE (Gruppe)
SO HOL HIPPIE	

EPISTEMOLOGIE	→ Erkenntnistheorie
GEISTE OEL IM PO	
ISOTOPE IM EGEL	→ ISOTOPE (Atomarten mit gleicher Ordnungszahl), EGEL (Gürtelwürmer, Ringelwürmer, z.B. Blutegel)
EPOS IM GEO LEIT	→ EPOS (Wort, Vers, Erzählung), GEO (griech. Erde)
SOG EI. EILTEMPO	
EGOIST EILE MOP	→ MOPP (Reinigungsgerät)
TOP EI SMOG. EILE	→ SMOG (durch Emissionen entstandene Luftverschmutzung)
TEIG MOL POESIE	

ERKENNTNISTHEORIE	
KENNT THEORISIEREN	
OHNE SINN KREIERTET	
KRITERION ENTSEHEN	→ KRITERION (griech. Gerichtsmaß, Gerichtssache)
EISENKERN HIRNE TOT	
EIN HEEREN STIRN KOT	
HINTER SEKRETIONEN	→ SEKRETIONEN (lat. Absonderungen)
SEHE IRRE KONTINENT	

NEST IN KERNTHEORIE

IN EHE KONSTERNIERT → KONSTERNIERT (verstört)

RENTENREIHE INS KOT

EINEHE TRINKERS NOT

EINEHE KRISEN NR TOT

EHRTS IN EREKTIONEN

EINKEHREN NOTIERST

ERKENNEN IST ROHEIT

EINKEHREN EIN TROST

NEIN TOR. KEHR SEITEN → TOR (der Törichte, unklug handelnde)

THEORETIKERN SINNE

KNOTENS IN HEITERER

ENTEISTER HIRNEN OK

OH TESTRENNEN REIKI → REIKI (REI . Geist/Seele, KI - Lebensenergie)

HINTEN ESOTERIKERN → Dem Innern zugewandt

SEHERINNEN KIT ORTE

HERR IN KNOTENSEITE

HINTER SEITE KRONEN

GNOSEOLOGIE → Erkenntnistheorie

OO EIGNES LOG	
O SO EIGEN GOL	→ GOL (Goal – Tor)
SOGEN GEO OIL	
SO EGO LEGION	→ Hereseinheit, militärischer Verband
LOGO SEIN EGO	
EGO EINS LOGO	
OI GOO ENGELS	
SO LOGO GENIE	
OI GO GO SELEN	→ SEELEN
SOKRATES ARISTOTELES	
O SO SEITE STARTKLARES	
O O START ES KLASSIERTE	
SO LOEST SEKRETARIATS	
ESS STAATES TRIKOLORE	
KO SO STREITERS SALATE	
SOS STOIKERS REALTAET	→ REALTAET (REALITÄT)
STOIKER TORE ATLASSES	→ Stoikers Weltbild
ATLAS STEREO STOIKERS	→ Empfehlung für das stoische Weltbild?
HOEHLENGLEICHNIS	→ Gleichnis von Platon
HINGEN HOELLISCHE	

IN HOLLI GESCHEHEN

IL INSEL HOCHGEHEN

HH LOESLICH NEIGEN

NIL SEIL HOCHGEHEN

HE HOL SINN GLEICHE

| NIHILISMUS | → pessimistisch |
| HI ILS MINUS | → ILS (franz. sie, Plural) |

METAPHYSIK	→ das, was hinter der Natur auch Physik steckt, philosophisch zu ergründen (erste Ursache)
H PATE MYSTIK	
ATEM PHYSIK	→ Bezug zur Begriffsgeschichte Aristoteles, vgl. auch Andronikos von Rhodos
SPIKY MATHE	→ SPIKY = stachelig
HEY KAP MIST	
HI MY ASPEKT	→ soll bedeuten (?): statt uns Gedanken über eine ersten erste Ursache zu machen, den Urgrund zu ergründen, möchten wir uns lieber der Ethik zuwenden (?)
SYMPA ETHIK	
SYMPATHIE K	

| MURPHYS GESETZ | → Gesetz nachdem alles, was immer auch schief gehen kann, schief gehen wird |

SYSTEM PUR GEH Z	
HE ZYSTE GR MUS P →	Kritik (da potentiell pessimistisch gedacht → Vgl. gegensätzlich dazu das Gesetz der Anziehung optimistisch gedacht → Interview 8)
GUY; MESS HERTZ P	→ GUY (Kerl), HERTZ (Einheit für Frequenz)
GUY; MESS ZEHRT P	
HEY; MERZT GUSS P	→ ausmerzen (hier: Fehler beseitigen?)
EHR SYSTEM ZUG P	→ potentiell: optimistisch das System Gottes ehren
HEY; UMS GR SETZ P	

DENKMAL	
DENK MAL	

ETWAS ZU IQ KONSENS	→ IQ = Intelligenzquotient , KONSENS übereinstimmende (weit verbreitete) Meinung
WOZU KANTS IQ ESSEN?	→ KANT (Immanuel Kant, Philosoph der Aufklärung)
KNOW NASSESTE QUIZ	→ KNOW (engl. Wissen). QUIZ (Fragespiel) → letztlich ist Wissen nur ein Quiz
KNOW ZU NASSESTE IQ	

ZU IQ SOSSE WANKTEN

ANWESENS IQ ZU KOTS

WAS IST KONSEQUENZ? → KONSEQUENZ (die Folge)

KNOTENS QUIZES WAS

NA WESSEN QUIZ KOST

KUESS SATZ WONNE IQ

WO IQ SA' KUNSTSZENE

WO KUSS NA NETZES IQ

OK WAS QUINT ESSENZ → QUINT ESSENZ (das fünfte Seiende, das Wesentliche, das Wichtigste)

VERSTAND

DAS NERVT

TAND VERS → TAND = niederl. Zahn

EDV TRANS → TRANS = lat. jenseits, hinüber

VAN DR SET

VERSANDT

DNS VATER

KRITIK DER REINEN VERNUNFT → 1781 von Immanuel Kant

FREIDENKER VITRINEN TRUNK

RUFT KRITIKERN VERNEINEND

DETEKTIV INNERN IRRER FUNK

VERNEINT INDIREKT KERN RUF

IRRITTIEREND FUNK KERN VEN

DEFINIERT, IRRT KENNKURVEN

DRINNEN KURVE KNITTERFREI

UNTERN NERV KRITIK REIFEND

In den jeweilgen Anagramm-Codes steckt schon eine Menge an scharfer Kritik, was die Philosophie betrifft. Viele Bereiche menschlichen Wirkens befassen sich mit dem, was aus dem sogenannten Verstand kommt, weniger aber mit dem, was das Herzgefühl an Lösungen offeriert. Mir erscheinen die Anagramme so, als seien sie nicht nur Kritik, sondern auch Anleitungen, bestimmtes im Hirn zu lösen. Die Anagramme offerierten, uns mehr mit der Ethik auseinanderzusetzen, uns dem Wesentlichen zuzuwenden. Ich bin mal gespannt, was weitere Anagramme zum Vorschein bringen. Dafür möchte ich mir jetzt einmal, Anagramme zu Fragestellungen der Philosophie anschauen.

BIRNE WICH

BEI WC HIRN

WER BIN ICH?

BI CREW HIN   → CREW (Gemeinschaft)

ICH BIN WER

WO KOMM ICH HER?

HOCH KOMME WIR

HOCH WEM MIKRO

WEICH OHR KOMM

KOMM WEIH CHOR

WO KOMME ICH HER?

WO OHM CHEMIKER

OH KOMM WEICHER

KOMM WEICHE OHR

HOER WEICH KOMM

OK WEM REICH OHM

WOHIN GEHEN WIR ?

WOHIN WIR HEGEN → HEGEN (pflegen)

WOHIN WEGE HIRN

WOHN EWIGE HIRN

WG WIR IN HOEHEN → WG (Wohngemeinschaft)

WG OH RHEINWEIN → Rein Wein einschenken (ehrlich sein)

H WIE HER WONNIG → WONNE (freudig)

WG HIRN WO HEINE → HEINE (romantischer Dichter)

WANN SEHEN WIR UNS?

NAHE WENN WIRS UNS

WAHREN NUN WISSEN

NUN WEISS'N WAHREN

WW UNSERN EINS NAH

WIE GEHT'S WEITER

WES GEWEIHT TIER

WEH WIE TEST GIER

STREIT EWIGE WEH

WEH WETTER EISIG

WER GEIST WEIHTE

GEWEIHTER WEIST

WEITER GEHT WEIS

WEIT WEGS HEITER

HEITER WEG WEIST

EWIG EHRT ES WEIT

AB WANN IST DER MENSCH GUT

SCHWEIGSAM TURNTEN BAND

WB NICHTSSAGENDER AN MUT

WB D MANNESGESICHT NATUR

WETTSAM BUCH ANGRINSEND

BAND WERTUNG SEMANTISCH → (die Bedeutungslehre betreffend, die Beziehungen

WANN BUND RECHT MAESSIGT zwischen Wörtern, Zeichen)

ES WANDSCHIRM BUNT GETAN

TURMS GAB AN WENDEN SICHT

JEMANDES SEIDE	
JEDEM DAS SEINE	
DIES JAMES ENDE	→ JAMES (jammerndes, wehklagendes)
ARE WE HUMAN?	→ sind wir menschlich?
WAHN RAEUME	
AM URAN WEHE	
HAUEN WARME	
AU WEH ARMEN	
AN WEH MAUER	
REUE AM WAHN	
WARUM? NA EHE	
SIND WIR MENSCHLICH?	
NEIN; IHR LSD MISCH WC	
MINI DNS SCHWERLICH	
WIR CHEMISCH DNS NIL	
HIN DNS MILCHREIS WC	

Na, das sind doch schon mal ein paar Antworten. Interessanter weise decken sie sich auch mit den Aussagen aus vorherigen Anagrammen. Wieder geht es, so wie ich es deute, um die Vernebelung des Geistes im IST-Zustand, die Aussage, dass es dahin geht, wohin man hegt, um die Motivation sich für den Weg des Herzens zu entscheiden, sich von traditionellen Werten des

Verstandes zu lösen, wodurch der Geist klarer werde, und darum, dass es um die Erkenntnis dessen geht. Als Metapher für das Erkennen der Wahrheit wird hier der romantische Dichter Heine hervorgebracht, aber auch die Metapher die Stimme des Weichen Ohres zu Erhören. Ebenso geht es um die Auseinandersetzung mit dem Wort, wodurch eine Wende in Aussicht gestellt wird.

Erschreckt es dich nicht, wenn Dinge zu unserer Schöpfung erscheinen, wie Gen OP oder ähnliches?

Gen OP kann ja eine Metapher, eben für die Schöpfung sein. Entscheidet erscheint mir nicht, wie oder aus was wir gemacht sind, sondern warum und wozu. Der Grund und Zweck erscheint in der Erkenntnis und das Ziel ist das Eins Sein, das Zurückkommen ins Paradies in den Garten Eden. Dass der Apfel Erde und dafür steht dieses Sinnbild, wieder seinen richtigen Platz am Baum im Universum findet. Dafür möchte der Mensch etwas tun, nämlich die Reparatur des Mantels vom Apfel. Die Ethik erscheint als richtiger Weg dahin. Daher möchte ich mir nachfolgend Anagramme aus dem Bereich der Ethik anschauen.

ETHIK

KITHE

THE [:KI]   → KI (siehe oben)

HE KIT   → kitten (Scherben kitten)

Im Anagramm zu Ethik, erscheint wieder die Anleitung zum Kitten der Scherben, zum Puzzeln der Bausteine und der Schlüssel ist das ethische Handeln aus dem Herzgefühl bzw. die Lebensenergie. Weitere Bestätigungen dafür lassen sich auch in den nachfolgenden Anagrammen entdecken.

BUBE ANRUECKEN

UEBE BANN RUECK

BRUECKEN BAUEN

AUGE NICE ERZOG → NICE (nett)

COURAGE ZEIGEN

SO SIEG UM

EGOISMUS

FAULE LEUTE

TAUE FUELLE

LAUFE LEUTE

ALL GETUES

ALS LUEGTE

ALLES GUTE

LEGE SALUT → SALUT (Hallo!) → in aufrichtige Kommunikation treten

---

MENSCH ECHT AM NARR

MENSCHEM NARR ACHT

SCHACH TRENN ARMEM

SCHRAMME HARN CENT

ANMARSCH MEHR CENT

´CH SCHER AMT, MANNER → SCHER (scheren, kümmern)

´CH RENN MAMAS RECHT

REN MACHART MENSCH

STAMM NACHRECHNER

STAMM HERR CHANCEN

CHANCEN MEHR SMART → SMART (klug, clever, schick)

CHARMANTER MENSCH

GINO DU ESEL

DU SENIL EGO

DUSEL IN EGO

IDEE LOG UNS

EGO IS UNEDL → UNEDL (unedel)

UNSELIG OED

UNSOLIDE EG

GLIEDES UNO

EG LUD SO EIN

G DIESEL UNO

UNO SEI GELD

OEL UND SIEG

SUENDIG OEL

IN GEO SUDLE → SUDLE (sudeln – Schmutz machen)

UND SO LIEGE

UNS LEID GEO

SO DIE LUNGE → LUNGE (hier Metapher für Luft)

SUN DEO GEIL → SUN DEO (Sonnenenergie?)

GEIL DOS NEU

UND SO GEILE

UNISEE GOLD

LOS DU GENIE

DIE LOESUNG
___

KAKTEEN HIRN

AN HEKTIK REN

KNIEEN HARKT

ER AKT HINKEN

KATER HINKEN

KRANKT IN EHE

KRANKHEITEN

IHR KENT AKNE

ANTIK HENKER

KEHRTEN INKA

ETHIKER KANN

ETHIK RANKEN

ETHIK ANKERN

SCHULE DUMNHEIT	→ Dummheit
UHU MENSCH TILDE	→ UHU in Biologie (z.B. nächtlicher Jäger) TILDE (spanisch – Überschrift, Überzeichen)
LUCHS HEIDENTUM	→ LUCHS in Fabel als vorsichtig, LUCHS in Biologie als Einzelgänger, Jäger in der Dämmerung u.a.)

U LUD MENSCHHEIT

CD EHE UMHIN LUST

MIST EUNUCH HELD

HEUTE IM SCHLUND

H NEUE MITSCHULD

U ETHNISCH MULDE

HELD; UHUS IM CENT

HECHELN STUDIUM

HEULEND UM SICHT

TUCH UM SEIN HELD

HELD SCHEU IM TUN

`CH MUTES UNI HELD

NEU UMSICHT HELD

HELD SUCH MINUTE

LEUMUND ETHISCH → LEUMUND (der Ruf, das Ansehen, welchen bzw. welches jemand hat)

LUT HEIM SUCHEND

DU SEHNLICH MUTE

UMSCHUL HEIT END

DU LICHTEN; SEH UM

EHE MIT UNSCHULD

EHELICHS UND MUT

HEILES MUNDTUCH

HELD HUTEN MUSIC

EIN TUSCH UM HELD

HU ENDE MUS LICHT

RETTUNG

TUT GERN

SUPERLEITER

PULSIERTERE

REITER SPULE

ER TREU SPIEL

TEIL PER USER

ER LEUT PREIS

FEINDE FEIERT IHR

DIE TIEF FERN HIER

EIN FEHDE IRR TIEF

NEID REIHTE RIFFE

HIRN TREFF EI IDEE

FINDE HEITER REIF

H DEFINIERT REIFE

HIERIN TREFF IDEE

FRIEDEN FREIHEIT

DEIN HIRT, REIF, FEE

HERRS VENE

VERS EHREN

ER SEHNERV

TUN BELEG NR SINN

SILBENTRENNUNG

TUNNELS BRINGEN → TUNNEL (in Nah-Leben nach dem Leben – Erfahrungen)

BESINNUNG LERNT

LEB INNERN GUNST

WUNSCHSZENE MAMA

WEN ZU SAAM MENSCH

WAS UM SZENEN MACH

WAS NAME ZU MENSCH

ZUM ANWESEN SCHAM

UM SCHWANZES AMEN

SAMEN ZUM WASCHEN

WUNSCHSZENE MAMA

ZUSAMMEN WACHSEN
_____

TEIG DAUERT

DUET AGIERT

GUTE TRIADE → TRIADE (Drei, Dreiheit)

DATIERTE GUT

TAUTE ERDIG

GIERDE TAUT

ARTIG DEUTE

RAT GUT IDEE

ART IDEE GUT

TREU EID TAG

DRITTE AUGE → die Öffnung zu Seele und Geist
_____
_____

UI TAGESANBRUCH

ICH UNGUTE BASAR

AUGE UNSICHTBAR

ICH AAS TRUEBUNG

SICH TAUBENGRAU

SCHABET UNI GRAU

UNARTIG ABSCHEU

CH AUSARBEITUNG

AERA BUCH INS GUT

AB AUSRICHTUNG E

ZINN EHESTREIT RUHM

MEHRHEITEN IN STURZ

NUTZT HEISEREM HIRN   → HEISER (kratzige Stimme)

ENTZIEHE STIRN RUHM

ENTZIEHE HIRN STURM

ERHITZTEN MUSE HIRN   → Muse (spornt an, inspiriert)

ZIEHET HIRNEN TURMS

IHM HIN ZERSTREUTEN

SHINZ HEITER MUNTER   → SHINZ (usbekisch = Reifen)

HERZIEHEN STIRN MUT

H HEIMREISEN ZU NR TT	→ TT → sieht aus, wie ein geöffnetes Tor
HIN MUT HERRENSITZE	
IHR UNTERNEHME SITZ	
HINSETZEN REIMT RUH	
ERINNERT ZU HH STIME	→ STIME (Stimme)
MITZIEHEN HERRS TUN	
IHN MIT HERZENSTUER	
MIT HIN ZU ERSEHNTER	
MUTTER HIRNS ZIEHEN	→ höheres Bewusstsein?
NUR HIER SETZT `N HEIM	
HH MUSIZIEREN NETT	
EHR ZIEH INSTRUMENT	
SIEHT NUR MIT HERZEN	
HIERIN SEHT ZENTRUM	

„Man sieht nur mit dem Herzen gut. Das wesentliche ist für die Augen unsichtbar", heißt es in dem Buch der kleine Prinz von Antoine de Saint-Exupéry. Und diese Weisheit deutet auf das Öffnen des Herzens, das Öffnen des zweiten Gehirns und es verbirgt, wie wir schon im Anagramm sehen durften, die einzige Wahrheit. Doch im Buch stecken noch weitere Erkenntnisse, die sich mit denen der 2 zu 1 Theorie decken. Wenn es um das Zähmen des Fuchses geht, das Entdecken des Wesentlichen etc. Das genau ist gemeint, wenn es im Anagramm zu Epistemologie heißt Teig Mol Poesie. Es ist zugleich der Verweis, dass die

Erkenntnis über das Weiche Wort in Sprache, Text, Wort, Literatur kommt. Über das Puzzeln dieser Anagrammstücke gelangen wir zu unserem Herzgefühl, in dem die Erkenntnis des Wesentlichen verborgen ist.

Würde das heißen, dass kein Autor den Text, den er verfasst, wirklich selbst produziert? Sondern dass er eine Eingebung dafür hat.

Es ist vorstellbar, dass dein Herz auf die bestimmten Ideen von Anfang an programmiert wurde, zugleich sind es aber auch die Zeichen von außen, die dich dazu führen, sich an das im Herzen programmierte zu erinnern. Aber es erscheint auch so, dass alles mit einander verbunden ist, alles mit allem nach dem Gesetz der Anziehung aus einem riesigen Intertext schöpft und damit ist auch alles was ist, gemeint, und daraus wird wieder neues erschaffen. Im Ego existiert ein Gemisch aus Schwarz und Weiß und Formen und produziert diese ins außen. Das Herz hingegen lässt, wenn es geöffnet ist, kein Schwarz in sich hinein, sondern nur Weiß und transformiert dieses in Farben und Formen.

Da wir schon einmal beim Herzen sind, möchte ich einen Schwenk zu den Emotionen machen. Zunächst zu denen die dich Grau machen, nämlich Angst, Trauer und Wut.

U STARTWEG UNART

UU NARRTEST WAGT

ERWARTUNG STAUT	→ zu viel über alles nachgrübeln, was vor einem liegen könnte
NU AERG START WUT	→ AERG (Ärger)
WUT START GRAUEN	
WUT RAGTE UNRAST	→ UNRAST (innere Unruhe)

ANGST TRAUER WUT

GAERT NATUR WUST → WUST (ungeordnet) → Chaos, Gesetz der Anziehung

AUGE WARNT TRUST → TRUST (Vertrauen) → meine Deutung: Versuche aus den Emotionen Angst, Trauer und Wut herauszukommen und lerne Gott zu vertrauen

TUT GRAUES WARNT

TANTE GRAU WURST → alte Überlieferung

TRAT AUSWERTUNG

WATT UNS ERGRAUT → für Stress gilt es als nachgewiesen

WER GUT STAUN ART

A WER GUT TUN STAR

NEUSTART WAR GUT

Aber auch die Liebe kann dir Sorgen machen, wenn sie nicht im Herzen, sondern über dein Ego fließt.

BI SEELSORGE

GIRLS EEE BOS → BOS (Boys), Girls e Boys (Mädchen und Jungen)

LIEBESSORGE

GEISSEL ROBE → ROBE (einteilige Kleider)

SORGE SEI; LEB

ERLOESES GIB

GEIL. O BESSER

GROSSE LIEBE

SELBIGE ROSE → Rose (Symbol für Liebe)

BORG ES LEISE

SELBIGE EROS → Eros (griech. Liebesgott)

ER GEILE BOSS

ORGEL SIEBES

GEBISSE LORE → LORE (franz. Überlieferung)

GROSS BEEILE

ER BIEGE LOSS

ER SOLS BIEGE

EISBERGE LOS

BESIEGER LOS

LEBE ES ROSIG

LOBES SIEGER

ER OBES SELIG → OBES (oberes)

SO SIEG ERLEB

LIE BEDUERFE → LIE (Lüge)

ERBE DU FIELE

UEBE FIDELER → FIDEL (unbeschwerter, lustiger)

BE FUER LIEDE	→ to be = sein
LIEBE FREUDE	
LEBE U FRIEDE	→ U (und)
FUEL BEI ERDE	→ FUEL = FÜHL
LEBE↘u↘ FRIEDE	→ kleines **u** gedreht, wird zum **n**
LEB IDEE RUFE	
EI EDEL BERUF	
LIEBER DU FEE	

LIEBE	
BEEIL	
LEIBE	→ bei Leibe leb!
EI LEB	

Auch wenn es sich bei jedem der ausgewählten Wörter um verschiedene Anagramm Codes handelt, so deuten sie doch auch immer wieder auf ähnliche Aspekte, um die es geht. Zu leben und zu lieben, auf das Herzgefühl zu hören, ethisch zu handeln, Mut zu zeigen, sich nicht von Ängsten, Wut und Trauer blockieren zu lassen, Schäden an Leben und Natur vermeiden, das Wort zu mildern etc.

Wie kommt man denn zu dem tiefen inneren Herzgefühl?

Vorhin erschien in diesem Zusammenhang die Metapher Tunnels, was ja auch mein Nachname ist, du hattest sie ja häufig in deinen Filmprojekten benutzt, was bedeutet der Tunnel.

Ja, es macht wieder einen Unterschied, ob man ihn als einen dunklen schattigen Ort betrachtet oder als jenen Ort im Inneren, der dich zum Licht führt. In der Fernsehserie „Silhouette des Tunnels" ging es um beide potentiellen Varianten. Im Roman „Bodos fantastische Welt" war der Tunnel , der Emotionskanal, in ihm erfährst du alle Emotionen in den verschieden starken Varianten ihres Erscheinens, mit dem Zweck diese loszulassen, und nachfolgend das Schöne im Gegenteiligen, der Freude, Liebe und der Göttlichen Liebe zu entdecken. Es ist ein Reinigungsprozess deiner Seele, deines Herzens. Einen solchen Reinigungsprozess gibt es auch für den Geist, dein Hirn. Hier geht es um das Loslassen aller unnötigen Bedeutungskonstitutionen, indem du sie noch einmal im Gehen deines Handlungsstrangs, im Rückblick auf dein Leben erlebst. Der Zweck hierbei ist das Erkennen, dass nämlich alles an Erfahrungen wertvoll für dich und deine Entwicklung wichtig und notwendig war. Beide Erfahrungen bringen dich näher an die letztliche 2 zu 1 Verschmelzung in Geist und Seele. Ein vom Ego befreiter Geist und eine von herzbelastenden Emotionen befreite Seele ist in der Verschmelzung das Eins, dass dich meines Erachtens der weltlich göttlichen Seite näher bringt.

Entscheidend ist, dass du im Hier und Jetzt in lebensbejahender Form handelst. Dich um dich selbst kümmerst und auch alle Lebensformen auf Erden achtest. So wie ich glaube, kommt dann die Annäherung an das Weltliche von selbst. Denn was macht es für einen Sinn, nach Dingen wie die Geheimnisse des Universums, nach Dingen, die den Erdkern betreffen, nach einer ersten Ursache zu fragen, solange du nicht mal die Fragen beantworten kannst, die dich und dein Umfeld betreffen. Romantische Vorstellungen und Ideen über das Leben im Paradies zu haben, sind durchaus gestattet, denn es motiviert dahin gehend und in dem Sinne sich auch hier ein Paradies zu schaffen.

Was heißt sich kümmern?

Es ist das 2 zu 1 von Erkennen und Handeln. Zum Erkennen gehört das Zurückgehen und das Einsehen. Zum Handeln gehört das Leben im Hier und Jetzt mit Blick auf eine kommende Transformation. Und alle Schritte beziehen sich auf deinen Körper, deine Außenwelt, deinen Geist und vor allem auf deine Seele. Während des Zurückgehens werden dir Bilder des Inneren und dessen, wie du das Außen siehst, gezeigt. Auf den Körper bezogen, heißt dies, zu schauen, wie hat er sich entwickelt, warum ist er heute so wie er ist, welche Bedeutung steckt dahinter. Kann ich ihn so akzeptieren wie er ist, kann ich was ändern, ist es wichtig etwas zu ändern? Steckt ein höherer Sinn dahinter, wie er jetzt ist? Soll ich durch ihn eine Erfahrung machen? Etc. Ähnliches gilt für die Fragen auf die Außenwelt bezogen? Was gefällt mir an ihr nicht und was gefällt mir besonders? Kann ich dazu beitragen etwas zu verändern? Kann ich helfen? Kann ich mich irgendwo einbringen? Etc.

Potentielle Antworten dafür findest du in der Außenwelt, in deinem Geist und in deinem Herzen.

Doch auf was hörst du? Auf das was andere als das einzig richtige für dich beschließen, auf das was dein Ego dir in Hinblick auf die besten Vorteile sagt, auf das, was dein Geist als logisch plausibel interpretiert, oder auf das, was dein Herz dir sagt, Superleiter, die Idee, die dich ausmacht, nämlich das was du wirklich möchtest. Um diese Idee zu erkennen, musst du aber noch weitaus mehr in dich hineinhorchen, denn dein Geist ist ja Ego behaftet und dein Herz geschlossen. Der Weg des Zurückgehens im Geist besteht über den Handlungsstrang und das Zurückgehen der Seele über den Tunnel bzw. Emotionskanal. Wie wir in einem späteren Anagramm erfahren werden wird dies vom Weltlichen wohl als DNS Reise bezeichnet. Auf dem Handlungsstrang geht es um die Erkenntnisse, was dich geformt hat, was deine Person ausmacht, hier erfährst du, warum welche Personen und welches Ereignis für dich wichtig waren und was dich wie geformt hat. Im Emotionskanal erfährst du die Extreme der Grundemotionen. Und das sind Angst, Wut, Trauer, Freude, Liebe, Die Null und Nichts Emotion, die Göttliche Liebe und die 2 zu 1 Verschmelzung. Der Zweck dahinter ist letztlich, herauszufinden, welche Emotionen du haben möchtest und welche nicht, aber auch um den Wert der jeweiligen Emotionen kennen zu lernen. Und damit sind wir beim zweiten Schritt nach dem Zurückgehen, im Erkennen. Der Geist ist jetzt klar gespült und dein Herz geöffnet. Und du weißt jetzt auf vieles, was dich betrifft die richtige Antwort. Nun geht das Leben aber weiter und aus deinem bisherigen hast du eine Menge an Gewohnheiten mitgenommen, die immer noch da sind und die im Handeln losgelassen werden möchten. Das Handeln bezieht sich auch wieder auf deine Gesamtheit in Körper, Geist und Seele, in der 2 zu 1 Verschmelzung deines Seelengeistes, weißt du wie richtig zu handeln ist. Doch die Schwierigkeit schafft jetzt dein Ego, das viel lieber in alte Gewohnheiten zurückfallen möchte, an alten Regeln festhalten möchte usw. Und hier liegt es an dir, das Ego hinter sich zu lassen, es ist nicht einfach, aber dein Seelengeist wird dir dabei helfen. Und hier beginnen jetzt Prüfungen im Hier und Jetzt. Es muss noch einmal alles bearbeitet werden, wo noch Reste alter Muster bestehen. Es erscheinen im Hier und Jetzt noch einmal Situationen, die dich fordern, damit Restgewohnheiten und Muster abgelegt werden dürfen. Schaffst du es nicht, erscheinen sie irgendwann noch einmal. Es ist ein schwieriger Weg, der aber mit dem Wissen, das es vorübergehende Prüfungen sind, leichter wird. Zum Loslassen gehört all das, das dir in Körper, Geist und Seele nicht gut tut. Alles was dich ausmacht, wird geprüft. Das können sein: Abhängigkeiten, Ängste, Wut, Zorn, Habgier, Wollust, Völlerei, Hochmut, Minderwertigkeitskomplexe, mangelnde Courage, Trägheit, engstirnige Denkmuster, Überheblichkeit, falsche Ernährung, Fetische, Zwänge, falsche Glaubensmuster, falsche Welteinstellungen, und so weiter und so weiter. Alles was dich bis dato ausmacht und dir nicht gut tut wird geprüft. Schaffst du es, und das ist meine Meinung, wirst du belohnt mit Wünschen, die sich plötzlich erfüllen, Begabungen, die du plötzlich entdeckst und so weiter. Sobald sich dein Herz öffnet, kannst du viele Dinge erreichen, die sich dein Herz wünscht. Darum ist es sehr wichtig, um sich selbst zu kümmern, aber auch um das, was du als deine Außenwelt interpretierst. Und in dieser darfst du versuchen, dich mit deinem Herz einzubringen.

Du siehst also, es gibt viel zu tun.

Ja, das ist schon eine Menge. Ist so etwas erreichbar?

Ich denke mir, dass du alle Gewohnheiten, die dir nicht gut tun, sicherlich nicht von heute auf morgen ablegen kannst, aber du darfst damit anfangen. Es ist die Mühe wert. Was das Geschehen auf der Welt angeht, kannst du damit beginnen dich einzubringen. In der nächsten Sendung möchte ich das Gesetz der Anziehung vorstellen. Wenn du genau weißt, wie man es nutzt, es nicht missbrauchst, dann kannst du vieles in dein Leben ziehen, das du dir von Herzen wünschst. Aber du kannst es auch dahin nutzen, Chaos in der Außenwelt zu vermeiden. Je mehr Menschen es meiner Meinung nach, aus Herzensmotiven nutzen, umso mehr Licht wird auf die Erde projiziert und dies nimmt positiven Einfluss auf die Außenwelt. Wenn du es allerdings aus egoistischen Motiven nutzt, dann wird sich der Wunsch zwar auch erfüllen, allerdings als Bumerang in einer egoistischen Variante. Wie das funktioniert, erkläre ich in der nächsten Sendung.

INTERVIEW 8: GESETZ DER ANZIEHUNG, CHAOSTHEORIE

Hallo Leute, herzlich willkommen zur achten Ausgabe von Werhatdieidee – TV, mein Name ist Silvio Tunnels und mein Studiogast ist heute wieder Micha Thiel. Hey Micha. Heute geht es also um Chaostheorie und das Gesetz der Anziehung.

Ja, genau. Doch zuvor: Wir hatten ja jetzt schon eine Menge Anagramme. Bei Anagrammen ist es etwas anderes als bei Beweisen von etwas, solche können sich ja widerlegen lassen, aber Anagramme zu Wörter sind so möglich, wie ihr Buchstabenpotential es zulässt. Erstaunlich daran ist, dass sich aus Wörtern und Sätzen eben nur bestimmte Anagramme erzeugen lassen, ebenso wie es der Buchstabencode zulässt. Verblüffend ist es dann, wenn eben Anagramme erscheinen, die mit der Ausgangsbasis zu tun haben, so wie wir es schon in den vorausgehenden Interviews bei vielen Wörtern oder Sätzen zeigen konnten. In diesem Sinne ist das, was erscheint, nicht widerlegbar, es lässt sich nicht wegretuschieren oder falsifizieren. Meines Erachtens steckt darin das beweiskräftige Argument.

Um es zu widerlegen, müsste man beweisen, dass die Anagramme zufällig willkürlich erscheinen und keine sinnbringenden Kontexte schaffen. Verblüffender Weise ist dies bei genau den wesentlichen Anagrammen, also solche dessen Frage von Relevanz ist, bisher nicht der Fall gewesen. Denn in ihnen erscheinen überwiegend Sachverhalte, die sehr stark in Zusammenhang mit dem Thema stehen. Es erscheinen genau Anagramme, die mit dem Thema zu tun haben. Wenn du also erkenntnistheoretische Fragen stellst, stecken in dem Anagramm Code überwiegend Anagramme zu diesem Thema, aber nicht z.B. zu einer Fernsehserie oder zum Thema Sport oder Ernährung. Das ist die Raffinesse.

Was wohl häufiger in den Anagrammen erscheint ist ein zweideutiges Interpretationspotential nach Teekessel Prinzip. Je nachdem, ob die Anagramme durch den rationalen Geist oder das

Herzgefühl im 2 zu 1 Prinzip gedeutet werden, der Kontext bleibt, manchmal vielleicht in einer von mir nicht richtig gewählten Reihenfolge, dennoch bestehen. Immer wieder werden ähnlich gelagerte Botschaften erscheinen, die uns deutlich machen, wohin die Reise gehen darf. Und das wird bei den heutigen Anagrammen nicht anders sein. Es wird sehr verblüffend und immer wieder stehen die Aussagen in Verbindung mit dem Ausgangskontext bzw. Code.

Doch jetzt kommen wir zum Gesetz der Anziehung. Um es zu verstehen und was dahinter steckt, möchte ich ein bisschen weiter ausholen. Ich möchte dafür eine Geschichte spinnen:

Es gibt einen riesengroßen Garten, der nennt sich Eden. In ihm existiert alles, das du dir in Freude und Liebe vorstellen kannst und noch viel mehr. Von hier aus hast du den Blick auf alles. Dein Denken funktioniert über dein Seelenherz dem Eins Bewusstsein. Die Zahlen 2 und 1 ergeben hier nach absurder Mathematik 5, die Buchstaben A und B sind zu einem G verschmolzen und erinnern zugleich an ein schwebendes Herz. Das Tongeschlecht ist hier e – Moll und es werden nur milde Worte gesprochen oder gesungen. Kreatives Schaffen ist hier ein ebenso hohes Gut, wie das Schaffen neuer Lebensformen. Die Wunder, die es hier gibt, sind für den menschlichen Geist nicht vorstellbar. Alles ist mit Freude und Liebe durchflutet und das ist auch die Verbindung die alles zusammenhält. Damit dies so bleibt gibt es ein Gesetz, das für den Erhalt sorgt, der Zweck dieses Gesetzes ist, dass der Frieden, die Liebe und Freude an diesem Ort erhalten bleibt. Jetzt kann es aber mal vorkommen, dass Wesenheiten vergessen oder es noch nicht erfahren haben, warum diese hohen Güter so wertvoll sind. Damit dies erfahren werden darf, und zugleich eben nicht das Eins Sein gestört wird, dafür gibt es einen Baum, den Baum der Erkenntnis. Dieser Baum ist Teil unseres Universums. Eines von vielen, denn im Garten gibt es einen Wald an Bäumen, wovon jeder seine spezielle Bedeutung hat. Beim Baum der Erkenntnis steht jeder Ast für eine Galaxie und die Früchte naheliegender Zweige und

Verästelungen für Sonnensysteme und, die darin implizierten Planeten. Wenn jetzt eine Wesenheit, von diesen Früchten kostet, sei es aus einer Versuchung heraus oder weil es sich bewusst für diese Erfahrung entschieden hat, dann wird es genau auf dieser Frucht seine Erfahrungen machen. Es wird aus seinem Eins Sein in zwei Teile transformiert, aber auch alles andere, das es und seine Wesenheit ausmacht. Zu allem gibt es jetzt einen Gegenpol zu einem positiv ein negativ, zu einem Licht ein Schatten, zu einer Farbe eine Form, zu einer Seite eine andere, zu einem weiß ein schwarz usf., zu einem Seelenkörper einen Geist, zu einem Tag eine Nacht, zu Wasser Feuer, zu Luft Erde, zu oben gibt es unten, zu einem Teekessel Wort gibt es ein anderes, zu einer Bedeutung eine andere. Dadurch verändert sich der Blick der Wesen auf das Wesentliche, auf das Sein. Dadurch können mitunter weitere Gegebenheiten erscheinen, wie dass es auf Frieden plötzlich den Gegenpol Krieg gibt, auf Ruhe plötzlich Unruhe, auf Gelassenheit sich Sorgen machen, auf Heil plötzlich Krankheiten, auf Gott Teufel usf., diese Gegenpole erscheinen nur aus dem Grunde, weil die Wesenheit sie selbst erschaffen. Denn die Wesenheiten haben durch ihr neues Dasein vergessen, wer sie wirklich sind, dass sie selbst schöpfen können und genau das Produzieren, was sie denken, fühlen und aussprechen.

Im Garten Eden ist ja alles miteinander verbunden. Da aber der Apfel Erde vom Baum entfernt wurde ist er zunächst von der Verbindung getrennt, weil eine endgültige Trennung aber nicht im Plan liegt, wird um ihn und sein System ein Netz gesponnen. Danach wird es mit dem vernetzten Planetensystem zurück an den Baum der Erkenntnis gegangen. Und ihr würdet Euch erschrecken von welchem Wesen das Netz gesponnen wurde. Es ist eine Spinne, diese ist riesengroß, aber man braucht sie nicht zu fürchten, denn sie ist der positive Gegenpol zu dem, was man auf Erden Spinnenphobie nennt. Wesen, die eine erweiterte Sinneswahrnehmung haben, mit ihren Augen im Dunkeln sehen können und an die jeweiligen Stellen im Universum heranzoomen können, wissen wie gutmütig und ehrgeizig sie in ihrem Schaffen ist. Sie gibt Acht, dass die Fäden zusammengehalten werden und repariert Störungen im Netz. Das Netz steht zugleich für den Zusammenhalt, aber auch für die Übertragung und Speicherung von Informationen, die in das jeweilige System fließen. Für die Fäden des Netzes gilt das Prinzip der Anziehung, hier zieht gleiches immer nur gleiches an. Alles was in das Netz gespeist wird, kommt irgendwann zu dem Sender als Energie materiell oder immateriell zurück. Jedoch nicht immer auf die Gedachte oder Ausgesprochene Weise, sondern so wie es von der oder den Wesenheiten in ihrer Gesamtheit, mit all ihren Emotionen gewünscht wurde. Die Emotionen schaffen dabei die Stärke der Anziehung, und in Kombination mit dem Wunsch, erscheint dann eine neue Energieeinheit als Gemisch aus der jeweiligen Form und Farbe. Ein Wunsch nach Geld, der mit der Emotion Sorgen behaftet war, schafft die Energieeinheit Geldsorgen. Die Stärke der Überzeugung eines Wunsches ist ausschlaggebend für den Fortbestand der Energieeinheit. Machst du dir weiterhin Sorgen um das Geld, dann bleiben die Sorgen bestehen, können sich nicht in Energieeinheiten anderer Qualität transformieren und so verhält es sich mit allem. Die einzelnen Energieeinheiten stehen aber auch in Verbindung mit allen anderen Energieeinheiten. Im Ursprung ist das Netz über das die Energieeinheiten wandern, hell, jedoch je mehr es mit dunklen Energieeinheiten übersättigt wird und diese sind ja aus den jeweiligen Gegenpolen der ursprünglichen Pole entstanden, umso schwieriger wird es für die hellen Energieeinheiten ihren Weg zurück zu ihrem Sender zu finden. Also suchen sie ihren Weg über die dunklen Fäden. Da sie darauf aber nicht gepolt sind, entsteht eine Interferenz, die einen Ton im Universum aussendet, der zur einen Seite gar nicht gern gehört wird. Auf der andern Seite, der irdischen kommt es dann zu einer Entladung, die ein Gewitter oder anderes mit sich bringt. Alle Energieeinheiten die entstanden sind, schaffen aber auch zugleich neue Energieeinheiten gleicher Natur, Hass schafft Hass, Verunreinigungen schaffen Verunreinigungen, Ideen schaffen Ideen, Musik schafft Musik, der Dialog schafft den

Dialog, das Geben schafft das Geben, das Nehmen das Nehmen, Gewalt schafft Gewalt, Frieden schafft Frieden, das ist der eigentliche Schmetterlingseffekt, er unterscheidet sich insofern, weil er immer Energieeinheiten gleicher Natur schafft, das Chaos hingegen ist die Entstehung, Verschmelzung und Entladung verschiedener Energieeinheiten. Am Erschaffen der Energieeinheiten sind alle Lebensformen beteiligt, auch die Tiere, die Erde, das Wasser, alles was fließt. Nur beherrschen diese das Chaos, das jeweils entsteht, selbst zu kontrollieren. Auf ihre Art werden sie auf das Chaos reagieren, sei durch Transformation ihrer Hüllen oder anderem, um das Gleichgewicht wieder herzustellen. Ihr einziger Gegenpol ist der Mensch, welcher weiteres Chaos produziert, durch Waffen, Industrie, Umweltverschmutzung, Raubbau an der Natur, Ausrottung von Arten, durch das Herumexperimentieren an Dingen von dessen Wirkung er wenig Vorstellung hat etc.

Wenn die Töne und Schwingungen im Netz durch die dunklen Energieeinheiten zu laut werden, werden aus dem Weltlichen Zeichen und Warnungen geschickt, vielleicht geschieht dies aber auch durch andere Lebensformen, die ebenfalls ihre jeweiligen Erfahrungen auf anderen Planeten machen möchten, hier aber über Möglichkeiten verfügen, die der Mensch sich nicht vorstellen kann und dadurch die Signale, die er sendet empfangen und das zeitnaher, als der Mensch denkt. Daher werden häufig Helfer geschickt. Man kann sie Zeichen nennen, die einen Menschen daran erinnern sollen, einen anderen Weg zu gehen. Aber es ist auch vorstellbar, dass es eben Feen und Engel sind. Denn die Absicht des Paradieses ist, dass alle Wesen zurück zum Eins sein im Paradies finden. Das gelingt aber nur, wenn sie in ihrer Seele absolut rein sind, eine positive Polung ihrer Wesenheit erreicht haben. So lange gehen sie immer gleiche Wege. Je mehr sie jedoch auf ihrem Weg in Richtung positiver Polung erreicht haben, umso leichter wird dieser. Sie nehmen immer nur den Ballast mit, den sie schon aus vorherigem mitgebracht haben, um diesen abzuarbeiten.

Für diese Erfahrungen stand allen Wesenheiten in einem Sonnensystem ein ganz bestimmter Zeitzyklus, zur Verfügung der eine von fünf Unendlichkeitstypen ist, näherte sich dieser einem ganz bestimmten Punkt, dann erschienen je nach Intensität zwei potentielle Entscheidungswege, der eine war der Weg zurück ins Paradies, der Weg zu Gott. Für alle, die sich für diesen Weg entschieden, kam es dann darauf an, wie weit sie in ihrer Entwicklung waren, waren sie es nicht, gingen sie, oft auch als Lichtarbeiter, zusammen mit den anderen weiter in einen neuen Zyklus. Dieser war die Wiederholung des vorherigen, sie schlüpften in genau die gleichen Rollen, die sie schon einmal gelebt haben. Allerdings mit dem Unterschied, dass ihr Unterbewusstsein schon auf bestimmte Eckpfeiler vorbereitet war, was ihnen die Möglichkeit gab, an jeder Weggabelung eine andere Entscheidung zu treffen. Es kann aber auch sein, dass sie sich für den gleichen Weg noch einmal entschieden. Der Weg zwischen den Weggabelungen wurde dann durch sie selbst mit Leben gefüllt. Solange man in diesem Zyklus war, gab es keine Vergangenheit und Zukunft, sondern nur Gegenwart, denn die Vergangenheit war zugleich ihre Zukunft und umgekehrt in bestimmten Eckpfeilern gedacht. Daher war auch vieles, was in diesem Zyklus passierte, schon geschrieben. Es hing von den Wesenheiten ab, ob sie die Qualität dessen, was sie erlebten nach dem Teekesselprinzip ins Pro für das Leben und die Liebe verlagerten oder nicht. Es gab schon Zyklen, da hatte z.B. der 11. September 2001 eine andere Qualität, und zwar hatten die beiden Städte Rio de Janeiro und Nagasaki eine Städtepartnerschaft auf dem Dach eines Zwillingsturmgebäudes besiegelt und nach der Besiegelung einen übergroßen Origami Papierkranich vom Dach hinuntersegeln lassen.

Insofern ließen sich auch Zukunft und Gegenwart immer nur zu 50 Prozent vorhersagen, weil in diesem Zyklus immer das Wissen fehlte, aus welchem Zyklus, die jeweilige Botschaft stammte. Das Finale mündete ebenso immer in zwei Optionen, die pro Weltlich als Weltaufgang gesehen wurde. Diese Variante hatte ihr Finale darin, dass sich am Himmel eine Leinwand bildete und ein Film abgespielt wurde, der das gesamte Geflecht des Zyklusses wiedergab. Dafür wurde allen Wesenheiten das Bewusstsein geöffnet, so dass sie mit allen Sinnen auch alle Bilder sehen und interpretieren konnten. Sie erkannten dann welche Aufgaben und Funktionen, welche Bedeutungen sie für die Geschichte und alle anderen Wesenheiten hatten. Nachdem der Film abgespielt wurde, hatte jeder einen Moment der Einkehr zur Verfügung, hier konnte er noch einmal seine Scham, seine Trauer, Ängste, Wüte u.a. loslassen, bevor sich die Leinwand zusammenzog, den Himmel öffnete und die gesamte Pracht mit all ihren Wundern offerierte. Danach folgte ein wunderbarer Prozess der 2 zu 1 Verschmelzung und dieser war für die Ewigkeit.

In einem früheren Zyklus gab es noch eine andere Variante. Hier war das Netz äußerst dunkel gefärbt und es machte keinen Sinn, die oben beschriebene Variante des Weltaufgangs zu offerieren. Es erschien eine andere von einer anderen Qualität.

Im Hier und Jetzt passierte aber etwas Neues, dass nur noch optimistische und nicht sich wiederholende Varianten und Optionen implizierte. Der Zyklus öffnete sich nach oben hin, so dass immer eine Chance besteht, sich für die erste positive Bedeutungskonstitution zu entscheiden.

Es ist nur eine Geschichte und eine Erklärungsmöglichkeit das Gesetz der Anziehung zu verstehen und auch, warum Botschaften in den Anagrammen schon geschrieben sind, obwohl sie erst im aktuellen Zeitgeschehen sich als Wahrheit bestätigen. Letzterer Aspekt ist vor allem in Interview 10, wenn es um Geschichte geht, sehr verblüffend. Denn, warum erscheinen Anagrammkontexte, die, wie sich zeigen wird, Sinn machen, obwohl das entsprechende Ereignis beispielsweise erst im 20. oder 21. Jahrhundert geschieht, das Wort und seine Buchstabenkombinationsmöglichkeiten schon weit zurückgehend in der Menschheitsgeschichte bestehen. Wurde alles geschrieben, weil es so geplant war, dass es so kommen soll? Oder wurde alles geschrieben, weil es sich schon einmal auf genau die oder eine ähnlich gelagerte Weise zugetragen hat? Beides ist vorstellbar und genauso verblüffend.

Meines Erachtens ist es nutzbringend das Gesetz der Anziehung zu kennen, eben weil man es sich positiv mit Herzgefühl nutzbar machen kann. Denn entsteht durch das Massenbewusstsein ein Bündel aus sehr positiv gelagerten Energieeinheiten, dann haben diese auch Wirkungen auf weitere Energieeinheiten. Es entsteht eine Welle der Freude, Liebe und des Glücks, welche Auswirkung auf die Lebensqualität unseres Planeten hat, indem sie Licht und Frieden auf die Erde projiziert.

Wie zu Beginn gesagt, war alles nur eine Idee, die ich aus Entdeckungen in den Anagrammen, persönlichen Erfahrungen und Erkenntnissen, sowie dem Intertext geschöpft habe. Ich möchte mich jetzt mit Anagrammen befassen, die mit dem Gesetz der Anziehung zu tun haben und analogen Theorien im spirituellen, philosophischen oder religiösem Diskurs. Vielleicht deckt sich ja manches mit meiner oben erzählten Geschichte.

HIER ZU GEGEN DAS NETZ

GEZEITEN DA HERZ SUNG

DA NUTZ ENG EHRGEIZES

GESETZ DER ANZIEHUNG

NUTZENERGIE DA Z GEHS → Z → Ziel?

DA GEHEN ZUR GEEINTS Z → GEEINTS (Geeintes)

DAS HERZ ZU GEEIGNETN → GEEIGNETN (Geeigneten)

Z GEIGERN DAZU STEHEN

Z ZUSTAND EHE GEIGERN

GEHIRNE ZUG SATZENDE

GEHIRNE DA SETZEN ZUG

DA ZUG GENESET IN HERZ

DA HERZENSGUETIG ZEN → ZEN (Zen-Buddhismus?)

DA ZUG NR IN EHEGESETZ

DA SETZ ZUG REINGEHEN

ZUG DA ZERGEHENT EINS

Das ist ja unglaublich, die Anagramme zu Gesetz der Anziehung geben Informationen, die Theorien bzw. Annahmen zum Gesetz der Anziehung entsprechen. Es ist die Verschmelzung zum Eins Sein enthalten, die Genesung des Herzens, die Ehe, Zen und sogar, dass das Gesetz eine Energie erschafft, die man sich nutzbar machen möchte. Die Worte in einer Zeile schaffen einen sinnbringenden Bezug zueinander. Es ist alles sehr deutlich. Und mit dem Buchstaben Z ist wahrscheinlich das Ziel gemeint.

Ja, und wie ich schon sagte. Aus dem Anagramm Code lässt sich keine Geschichte z.B. über den Straßenverkehr oder über den Haushalt erzeugen. Faszinierend ist, dass der Begriff Gesetz der Anziehung in dieser Nennung und in Bezug auf die entsprechenden Inhalte erst in der jüngeren Zeit so formuliert wurde, auch wenn die Inhalte auf diese Glaubensgrundsätze nicht neu sind. Ich habe noch weitere mitgebracht.

THE SECRET → Filmtitel der Doku „The Secret" von 2006 über das „Gesetz der Anziehung"

SCHERT TEE → SCHERT (INTERESSIERT?)

ECHT ERSTE

RECHTS TEE

ECHTER SET

RECHTE SET

´CH TEER SET

´CH TRETE ES

´CH RETTE ES

RESONANZ GESETZ → analoge Begrifflichkeit für „Gesetz der Anziehung"

SO NETZES GANZER

EROS GANZ NETZES

TASSE GRENZZONE

TORE GANZ ESSENZ → ESSENZ (Wesenheit)

AG ZEN ESSENZ TOR

AG ZEN SETZ ROSEN

ZANGE ROSEN SETZ

ZONEN SETZ GRASE

ZOG ARTEN ESSENZ

SOG ZARTEN SZENE

GERN SETZ OZEANS

SETZ GARNES ZONE

SO SETZER GANZEN

GANZ ESSENZ ORTE

GANZ OSTER SZENE

SOS GRENZE TANZE

SOS GRENZE ATZEN

EG ZORNES TANZES

ZORN SETZE SAGEN

SAGEN SZENE ROTZ

ZORN SETZTE GASEN

GASEN SZENE ROTZ

ZERSAEGST ZONEN

RESONANZ GESETZ

RETO GANZ ESSENZ → RETO (RETRO? – rückwärts)

Wow, ich bin beeindruckt, wieder bekommen wir Informationen, die mit dem Eins Sein, der ganzen Essenz zu tun haben, auch Begriffe wie Garn und Netz erscheinen sinnbringend in dem Kontext, dem wir uns ja schon durch andere Puzzleteile angenähert haben. Es wird aber auch deutlich, wohin es gehen sollte und wohin nicht.

Erstaunlich ist auch immer die doppelte Interpretationsmöglichkeit, letztlich aber immer inhaltlich dasselbe Ziel hat. Es geht um das Zusammensetzen des Ganzen, das Erkennen des ganzen Bildes und ähnliche Botschaften steckten in den ethischen, erkenntnistheoretischen und schöpferischen Anagrammen. Weitere Belege habe ich für das, was in den Gesetzen steckt in verwandten Anagrammcodes entdeckt. Grundsätze aus dem hermetischen Gesetz.

HERMETISCHE GESETZ

HE; GEISTE SCHMERZTE

ES RECHTEM GEIST ZEH

HERZ ET ECHTEM ESSIG → ET (franz. und)

GERECHTESTES IM ZEH

EG HETZ MEERESSICHT

GESCHEHE SITZT MEER

GEMISCHES RETTE ZEH

GEMISCHES TEE HERTZ

SETZ IM GERECHT; SEHE

ZEH SET RECHTEM SIEG

GEH RECHTE MESSZEIT

GEZISCHTE ET HERMES

HERMES ZEIGT ECHTES

GESCHERTEM EHESITZ

EHR GESCHEITESTEM Z

REST ZEIT GESCHEHEM

SETZ; GEHE REICHSTEM

SEH'S ZEITGERECHTEM

SETZ; REGE ETHISCHEM → REGE (anregen)

SETZE; GEHE METRISCH → METRISCH (das Maß betreffend)

AL SESSELLIFT → AL (ALL)

SELF ALLSEITS → SELF (engl. selbst)

ALLES FLIESST

ALLS FEE STILS

NICHTS RUHT

UHR SCHNITT

SCHNURT HIT

NUH SCHRITT

RUTSCHT HIN

´CH HUT STIRN

´CH TUT HIRNS

E MOLL TON

OMEN TOLL

NOTE MOLL

C DUR TON

DR TUN CO

C DUR NOT

CD NR OUT

GESCHICHTE

GE SCHICHT E

MACHE SCHNELL TILGE → TILGE (ausmerzen, Fehler beseitigen)

´LLEN SCHACH GELEIMT

LACHE MENSCH GILT EL

GESCHLECHT IN ALLEM

STELL GLEICHMACHEN

MACH GLEICHSTELLEN

MENSCH GILT LAECHLE

LACH GENEHM CELLIST

LET SCHELMIG LACHEN → LET (Lass, lassen)

SCHELL ENGL EICHAMT → ENGL (ENGEL), Eichamt (hier: gleichartiges überprüfen?)

SCHMAL LICHTE ENGEL

ENGL MISCH LAECHELT

L LANGE SCHMEICHELT

GLEICHEM SCHNALLTE

´LLEN GLEICHT SCHEMA → LLEN (allen?)

´LLEN MACHT GLEICHES

´ELCH ENGL ALCHEMIST → ELCH (welch)

DUR ESSEN E

RUDE ESSEN → RUDE (engl. unhöflich, grob, hart)

ERDNUESSE

DU ESSENER

DU ESSENER

EDENS USER → USER (Benutzer)

METAPHER WORT

WAHR TROMPETE

THEMA PER WORT

H WEM PORTRAET

HAT EMPOR WERT

ER PH WERT ATOM

ET PH WERT AMOR

HART WERTE MOP

HARTEM PO WERT

PAH; TERM WORTE → TERM (Ausdruck von Zahlen, Variablen)

PRO WERT THEMA

RAHM POET WERT

H AM PRO WERTET

POWER EHRT AMT → POWER (Kraft, Energie, Leistung)

AM PH WERT TORE

(PH – WERT MENSCH UND TEE = 5,5) 5,5 Hälfte von Elf

ALLES IST ZWEIFACH

ALICE FAHLES ZWIST

SCALA FLIEHST ZWEI

SCALA HILFE ZWISTE

SCALA HILFE WITZES

SCALA HILFS ZWEITE

AAL STICKS ZWEIFEL

AAL ´CH FLITZE WEISS

WER MACHT WETTER?

WER WERT MACHTET

WEM HART WC RETTE

WACHT! METER WERT → Meeresspiegel?

WACHT! TERM WERTE → Thermometerwert?

´CH WARME WETTERT

´CH WERT WATT MEER

WART ECHTEM WERT

URSACHE UND WIRKUNG

UHU SACKEND WIRRUNG

UKW RAUCHERS UNDING

UNRUHIG ACKERS WUND

U, NUR WER SACHKUNDIG

SCHAUE RUNDWIRKUNG

URSACHE KUR WINDUNG

IHR WUNDERN AUSGUCK

AUSGUCK WUNDER HIRN

Manches ist schon sehr verblüffend.

Es wird auch deutlich, dass wir im Eins-Sein denken möchten, da alles gleicher Natur ist und dass jede Wirkung seine Ursache in gleicher Qualität hat.

Ich habe mir auch Anagramm Codes angeschaut, zu Theorien, die in entgegengesetzten Kontexten, wie z.B. in der Physik erscheinen.

NACKEN AHMEN QUIT → AHMEN (nachahmen, kopieren), QUIT (verlassen)

IQ MACHTE NUN AKNE

EIN MANCHEN QUAKT

KEIN QUANT MACHEN

OUANTENMECHANIK

AN ECKT HUMANEN IQ

ANKAMEN UNECHT IQ

UM KANNE IQ ACHTEN

UMHACKEN IQ TANNE

TUNKE IQ NACH NAME → TUNKE (eintunken, eintauchen)

KANN QUINTE MACHE → QUINTESSENZ (das Wesentliche)

TUNNEL EFFEKT

KENNT FEE LUFT

FLENNTET KUFE → KUFE (tragende Unterfläche)

FUNKTET ELFEN

WIRKUNGSQUANTUM → Welle – Teilchen Dualismus

WARUM KG IQ UNS TUN?

UKW NR UNS MAG QUIT

AG IQ MURKS NUN WUT

KG IQ NUN WUST RAUM → WUST (Durcheinander)

SANK IQ UNGUT WURM

QUARK SWING UNMUT	→ QUARKS (Physik), SWING (schwingen, schaukeln)
QUARKS WG IN UNMUT	

UNSCHAERFE RELATION	
LASER ROUTE EINFACH	
AUSLACHEN EIFERN TOR	
REIHTEN. FRON CAUSALE	→ FRON (was dem Herrn gehört), CAUSALE (ursächlich)
OHNE CAUSALEN FRIERT	
CAUSALEN EIFERT HORN	
EINFACH SO NEUTRALER	
SO IRREN LAUF NACH TEE	→ zweite Bedeutungskonstitution bei Teekessel Wörtern
CAUSALEN FEEN IHR TOR	
EINFACH URALTEN EROS	
RUF LEISEN ANACHORET	→ ANACHORET (zurückgezogene Mönche, Gläubiger)
EINFACH REAL SUN TORE	→ wirkliche Sonnentore
RUF LEISEN ANA ET CHOR	

INTERFERENZ

REIZTEN FERN

FETZEN IRREN

FRIEREN NETZ

FEE ZERRINNT

Natürlich möchte ich auch das Anagramm zur Chaostheorie nicht vergessen.

CHAOSTHEORIE

OH EIER; SO ACHT

ACH SO THEORIE

ORTE HAI ECHOS

O HOCH SEI RATE

HAI SEH ORTE CO

OH CHAOT SERIE

REICHE OHO; AST

OHO AST CHERIE   CHERIE (chéri – Liebling, ursprünglich von Kirsche abgeleitet)

SO ECHO HEIRAT

KOHLENSTOFFMONOXID

OX OFF KOHL MONDSTEIN → OX (oxidiert), OFF (aus)

NIX OK LSD – OFT OMEN HOF

LOKS OHM – NIX OFFEN – TOD → LOKS (Lokomotiven)

LOST KONDOM – NIX HOFFE → LOST (verlassen)

OHO SOFF – NIX MOL – DENKT

60 % des Kohlenmonoxids auf der Erde werden vom Menschen verursacht.

Ein Anagramm habe ich noch bis zum Schluss aufbewahrt und zwar den Grundsatz: Gleiches zieht gleiches an. Ein gut gedachter Grundsatz.

Ich habe den Code in verschiedenen Kombinationen ausprobiert bei GLEICHES AN bekam ich folgendes heraus:

GLEICHES AN

ACH SELIGEN

EINSCHLAGE

SIEGEN LACH

LACH EG SEIN

LACH EG EINS

LACH GENIES

LACHE SINGE

ICH ENGEL AS

CH GENIALES

Und bei GLEICHES AN ES folgendes:

GLEICHES AN SE´

AN SEELISCH EG

EINS SCHLAEGE

ASCHIG SEELEN

SAGEN SCHIELE

AG LECH NESSIE → LECH (Loch?)

EINSCHLAG SEE

ES SIECH ALGEN → SIECH (siechen, etwas entkräftigt sich)

GELASSENE ICH

ES SIECHEN LAG

GASEN SCHIELE

SIGNALE ESCHE → Eschensterben insbesondere in Europa sehr akut

SAEGEN SICHEL

ES IN SCHLAEGE

SELIGEN ASCHE

SEELISCH NAGE

SCHALE GENIES

GEILEN CASHES → CASH (Bargeld)

GEISEL SACHEN

ACH ES GEISELN

SIEGEL ASCHEN

CLASS EINGEHE → CLASS (Klasse)

NACH SIEG LESE

SEH ESC GENIAL → Eurovision Song Contest als musikalische länderübergreifende, friedvolle Veranstaltung

SIGNAL ESC EHE

NACHLESE SIEG

GIESSEN LACHE

LACHE GENESIS

LACH GENIESSE

Mit ESC ist ja der Eurovision Song Contest gemeint. Eine schöne Idee, die das Ziel hat, Länder über Musik zu vereinigen.

Ja, Länder machen zusammen Musik und haben Freude daran. Es ist immer so eine Sache von welcher Seite du es betrachtest, geht es um ein Festival für Musikfreunde oder nur um das Gewinnen eines Wettbewerbs. Ist es ein Wettbewerb oder ein Wettkampf bzw. Wettstreit? Worte und Namen geben Antworten.

Spannend, dass in dem Anagramm auch Bezüge zu Sagen, Mythen geschaffen werden.

Ja, wir würden uns wahrscheinlich wundern, wenn wir wüssten, was durch die schöpferische Kraft in Bezug zu den Gesetzmäßigkeiten des Gesetzes der Anziehung alles erschaffen wird, aber zu diesem Thema kommen wir in Interview 13 in Band B. Für heute, möchte ich die Sendung mit dem Anagramm zu GLEICHES ZIEHT schließen.

GLEICHES ZIEHT

ZEIL GESCHIEHT

SCHIT; GEHE ZIEL

GEHE ZIEL TISCH

GLICH EHESITZE

EHELICH ZEIGST

GEH ZIELS TEICH

ZIEL GESCHIEHT

ICH GEIL ZEH SET

EIH GESETZLICH

ICH GEIL; HE SETZ

GEISTLICH ZEHE

SCHLEHE ZEITIG

ICH ES GEHT ZIEL

GEH ZEITLICHES

ICH GEH ZEIL SET

GIZEH ES LICHTE → Pyramiden von Gizeh?

SEHE ZIG LICHTE

SEH ZEIG LICHTE

LEICHTES GIZEH

SCHEITEL GIZEH

ECHT ZIG HEILES

ZECHTES HEILIG

ECHT ZIEH SELIG

EI GEH SCHLITZE

HE GLEIT ZISCHE

EG LEIHT ZISCHE

EG HEILT ZISCHE

Z GLEICHHEITES

ETHISCHE ZIEL G → G (Gott)

ZISCHEN...: SICH SEHR SCHNELL VON B NACH A BEWEGEN?

Kurios, implizieren nicht die Mythologien um die Pyramiden von Gizeh ähnliche Vorstellungen.

Ja, und wer weiß, vielleicht verbergen die Pyramiden ja einen Ort der Transportation, ein Wurmloch, vielleicht ist sie selbst ein Flugobjekt. Vielleicht erfahren wir ja noch in späteren Sendungen, wie ein solches zu bauen oder zu benutzen wäre.

Das glaube ich gern.

Die Anagramme raten zur Vorsicht, mit Dingen zu experimentieren, dessen Wirkung nicht bekannt ist. Nach Inhalten, das Gesetz der Anziehung betreffend, gehen alle deine Wünsche in Erfüllung, jedoch meines Erachtens in der Art wie du es wünscht erst, wenn der Wunsch tief und klar formuliert aus dem Herzen kommt. Ansonsten kommt das Gewünschte zwar zu dir zurück, aber nie auf die gewünschte Art. Es kann z.B. sein, dass du dir ein Date mit jemandem wünschst, und tatsächlich wird dir dieser Wunsch in Art einer Möglichkeit irgendwann erfüllt, nur kann es dann sein, dass andere Umstände wie Selbstzweifel die du hast, es wieder verhindern. Oder es kommt zu dem Date, doch schließlich merkst du, dass es nicht so auf die Art, wie du es dir gewünscht hast, verläuft. Schließlich war deine Formulierung einfach nicht präzise genug, denn alles was dich und dein Wesen ausmacht, beeinflusst die Form des Wunsches. Daher erfüllen sich kleine Wünsche meist zeitlich sehr schnell. Du wünschst dir eine CD, die eigentlich nicht mehr auf dem Markt zu bekommen ist. Dann lässt du den Wunsch los, denkst nicht mehr an die CD und plötzlich wirst du diese bekommen. Das liegt daran, weil diesem kleinen Wunsch keine großen Sorgen, Ängste oder sonstiges anhaften. Auch bei Geldwünschen ist das so eine Sache. Kleine Geldsorgen lösen sich, wenn du die Sorgen loslässt. Mit allem was du dir oder anderen wünschst, solltest du meines Erachtens vorsichtig sein. Denn der Wunsch als auch das Gefühl müssen absolut positiv motiviert sein. Dem Wunsch darf nichts Gegenpoliges anhaften, sonst kommt es immer anders als man denkt.

Danke, Micha, es war ein spannendes Thema. Bis zum nächsten Mal.

INTERVIEW 9: Glauben, Religion, Kirche

Hallo Leute, herzlich willkommen zur neunten Ausgabe von Werhatdieidee – TV. Heute geht es ja um das Thema Glauben. Micha, glaubst du, dass es den absoluten Glauben gibt?

Vielleicht ist das Wort nicht optimal, vielleicht sollte es Vertrauen heißen, dass das, was ganz tief in deinem Herzen als Wahrheit zu dir spricht die einzige Wahrheit ist.

Würde dies Religionen und Kirche überflüssig machen?

Nein, Kirchen und Religionen verbreiten im Konsens meist friedliche Botschaften. Sie sind ja auch Anlaufstellen für Lebensfragen, schaffen soziale Angebote, geben humanitäre Hilfe. Die Anagramme schaffen da zwei Linien, sie verraten sowohl, welche Glaubenssätze richtig und welche nicht richtig interpretiert wurden. Grundsätzlich ist keine Religion besser oder schlechter als die andere. Jede birgt die Wahrheit, nur erscheint sie mal mehr, mal weniger in einer entweder pro oder contra das Leben zugeneigten Weise. An einer Religion ist ja auch nicht ein einzelner Denker beteiligt, sondern ein riesiges Konglomerat, das die Lehren im Dahinter mal so, mal so interpretiert. Deshalb erscheinen in den Anagrammen zu Religionsthemen sowohl Lob als auch scharfe Kritik. Aber schauen wir doch mal, was wir für Botschaften erhalten.

NEST SET LAMETTA	→ LAMETTA (Weihnachtsschmuck), SET (Ägyptische Gottheit wird oft als Gott des Chaos interpretiert), SET (Bausatz), SET (Seht!)

AM TALENTES TEST

ALTES TESTAMENT

TESTETE TALS MAN

STATT SEELENAMT

SELTSAMEN TATET

TATS TEES MANTEL

MALT T TEETASSEN

SATT MATT SEELEN

GLAUBENSSAETZE

ES TEES GLANZBAU → Doppeldeutigkeit im Teewort

NEUABSATZ EGELS

BETA ZUGELASSEN → BETA (zweiter Buchstabe im griech. Alphabet B) → zweite Bedeutungskonstitution

LUEGEN ABSATZES

ES SATANE ZUG LEB

LEBTEN ZUG AASES

LEBEN SAATS ZUGE

ZEUGS EBEN SALAT

SALAT BEZUG SE´EN → SE´EN (sehen)

LESE BEZUG SANTA → SANTA (span. der Heilige)

EG ESSENZ ALTBAU

SATZBAU GELESEN

BAUSATZ GELESEN

ANSAUG SETZ LEBE

ARCHE NOAH

A OHNE RACH

ACH AN OHRE

ACH HOER AN

HORCHE AN A

A NAHE CHOR

ARENA HOCH

GLEICHNIS

INS GLEICH

GLICH SEIN

GLICH EINS

´CH IN SELIG

GREISE HILFT ICH

FLEISCHIG HIRTE

HEILIGE SCHRIFT

ICH SIEGER; HILFT

FLIEGERISCH HIT → HIT (der Hit, der Treffer)

IF EHRLICH GEIST → IF (engl. wenn)

IG FRISCHE HEILT

G IST HILFREICHE

GEIST H REIFLICH

SICHERHEIT FLIG → FLIG (Flieg)

GLICHS FREIHEIT

HEILIGER GEIST

GEILHEIT GREIS

HEILIG GEREIST

II GELEHRIGSTE

IHR SIEG GLEITE

IHR EILIGE STEGE

GEIGE SIR HEILT

TEIG IHR SELIGE

IHRIGE IST LEGE

HIER GILT SIEGE

Interessant, so habe ich es noch nicht gesehen, es geht um den Kampf des Geistes und der Seele?

Je nachdem, ob man es als einen Kampf ansehen möchte, das Geist-Ego wird es sicher als Kampf interpretieren. Die Seele hingegen ist gütig, sie reicht dem Geist die Hand, damit er sich von seinem ICH bezogenen Ego lösen kann und die Chance bekommt, selig zu werden.

Ich interpretiere das so, dass der Geist das Bild eines Satans erschaffen hat und es unter dem Denkmantel Santa versteckt hält.

Im geschichtlichen Kontext deuten diese und vorherige Anagramme zumindest darauf hin, dass er durch den Geist erschaffen wurde. In seinem Namen wurden Frauen als Hexen hingerichtet, indem man ihnen vorwarf, und das war der Schachzug, selbst mit dem Teufel in Verbindung zu stehen. Das irdische Leben ist in seiner Geschichte ja sehr stark von der Metapher Schach durchzogen, auch über diese Metaphorik lassen sich meines Erachtens Botschaften erlesen. Vielleicht sind solche ja anderer Natur, als die die in Anagrammen erscheinen. Es kann aber auch ein Konglomerat aus zwei Ebenen sein, schließlich schafft das Schachspiel die Metaphern Schwarz und Weiß, es kann als Spiel des Geistes oder Kampfes interpretiert werden etc., aber dazu in Interview 12, Band B mehr. Schauen wir weiter.

KINDER GOTTES SIND

GOTTS SEIDEN DRINK → siehe Interview Genesis

GOTTS IDEEN DRINKS

DIENSTES DR KNOTIG

DENKSTE IST DORNIG

DR KNOTIG ISST EDEN

KOTIG IST DEREN DNS

DES DNS KOT REINIGT

DOSIS KETTEND RING

DIR GOTT EDENS SINK

DISKETTE DR SONNIG

GOTT IN SENDER DISK

DRINGST ENDE; SO KIT

ENDE DRINGT; SOS; KIT

DIENE GROS; KITT DNS → GROSS

KID DNS REISEN GOTT → KID (Kind)

KIRCHENVERTRETER

VERIRRTER KNECHTE

VERRICHTETER KERN

VERRECKTER HIRTEN

VERRENKTE RICHTER

ER VERTRINKE RECHT

KRIECHERN VERTRET

REICHERT VERRENKT

NERVT HECKE; ER IRRT

EHRT NECKE VERIRRT → NECKE (necken, sticheln)

IRRT VERRECKT EHEN

KLONE ICH IRRIGE?

IHR IN LECK ORGIE → LECK (Loch)

KIRCHE RELIGION

KOENIGLICHE IRR

REICH INKL ORGIE

ROCK REIN HEILIG

ROCKER IN HEILIG

REICHE RIN LOGIK

KIRCHEN GIER OIL

KO REINLICH GIER

KO IRRIG LEICHEN

IHR IN OELKRIEG C

ICH REINER LOGIK

LOGIKER IN REICH

SET NEUESTEN AMT

TUT TEE AN MESSEN → Messen (kirchliche Messe, etwas anmessen)

MENUETASTEN SET

NEUES TESTAMENT

STAETTEN MUSEEN

UNSTETESTE AMEN → unstetig (schwankend, nicht beständig)

NEU: TESTES NAME → Anleitung: Finde heraus, was im Wort steckt

---

DA NA SA PARTIES

PARADIES SATAN

AS PART DEIN AAS	→ AS PART (engl. als Teil), AAS (Kadaver)
AS DASEIN PARAT	→ AS (als)
DA ANPREIST AAS	
AAS PARENT AIDS	→ PARENT (Elternteil)
AAS SAND PARTIE	
A DA SATAN PREIS	
NA DA ES PARASIT	→ PARASIT (Schmarotzer)
PAARS SATIN ADE	→ SATIN (stark glänzendes Gewebe), ADE (Abschiedsgruß)

AN KAM RESTE	
SAKRAMENTE	→ SAKRAMENTE (christlicher Ritus, Vergegenwärtigung der göttlichen Wirklichkeit eben durch diesen Ritus, u.a. Ehe, Taufe „im Namen Gottes")
STARKE NAME	
ES MARKANTE	
NAMES KARTE	
NA AM SEKRET	→ SEKRET (Absonderung)
TRANK AM SEE	
ARM AN SEKTE	
KASTE ARMEN	→ KASTE (Rasse)

ARM ASKETEN	→ ASKETEN (enthaltsam lebender Mensch)
KAMERA NEST	
MERKTE NA SA	

LEUTE RAFF KULISSE	→ RAFF (raffen, verstehen, kapieren)
AKTUELLES FIES RUF	
RUFES FUEL EISKALT	→ FUEL = FÜHL
TIEF FEU KARUSSELL	→ FEU (franz. Feuer)
AUSRUFE KILLST FEE	
AUSREISE FLUK ELFT	
FAUTEUILS FERKELS	→ FAUTEUILS (franz. Sessel)
SAUKERLE LUFT FIES	
EURES AFFE ULK STIL	
FAULSTE FEIER ULKS	
FURIE KAELTE FLUSS	→ FURIE (Rachegöttin in der römischen Mythologie)
KAUERE FUSEL LIFTS	→ FUSEL (nicht fachgerecht destilliert)
ELITAER KUFE FLUSS	
ES KREIS LAUFE FLUT	
IT KUSS FEUERFALLE	→ IT (ES)
KISSE FUTUR FAELLE	→ KISS (Kuss), FUTUR (Zukunft)

TEUFELSKREISLAUF	
ZEHN GEBOTE	
H ZONE GEBET	
BOTE ZEH GEN	
BOG NETZ EHE	
BEZOG HETEN	→ HETEN (niederl. Anruf)
BOGEN HETZE	
HE; ZOG BETEN	
TON ZEH: GEBE	
GEB ZEH NOTE	
GEB ZEH E TON	→ ZEH = C

In der Schachmetaphorik erscheint auf dem C Feld der Läufer. Nach der 2 zu 1 Interpretation, lässt sich ein Läufer entweder als etwas, das vor allem davonläuft oder als etwas, das läuft, und sich rasch den Herausforderungen stellt, interpretieren. Im französischen ist der Läufer der Narr. Und im Wort Narr rückwärts gelesen steckt r ran, was nach er rannte klingt. Meines Erachtens hat jeder Buchstabe, jede Zahl, jeder Ton auch seine spezielle Bedeutung. Kennt man diese, lassen sich weitere Geheimnisse entschlüsseln. Nur so viel sei schon mal verraten, 5 entspricht dem Ton E als auch dem Buchstaben E, aber auch der Königsfigur auf dem Schachbrett. Moll ist gleich weiß, Dur gleich schwarz. Der Wechsel von Dur zu Moll ist der Übergang vom Zwei zum Eins Sein usw., es lässt sich sehr vieles über diese Einfachheit im Naheliegenden erkennen. Sogar Erkenntnisse in Architektur, Archäologie, Technik, Musik, Künste etc. lassen sich potentiell erschließen. Meine Vermutung ist, dass das Wissen bestimmter

Weisheiten der 2 zu 1 Relationstheorie schon sehr lange bekannt ist und sich quer durch die Geschichte zieht. Es ist potentiell, dass Nostradamus sein Wissen aus Anagrammen gezogen hat, diese aber leider sehr scharf in seinen Versen formuliert hat, nicht die milde des Wortes gewählt hat. In seinen Versen wird man sicherlich durch Umstellung in weitere Anagramme noch so manches entdecken können. Bei Alice im Wunderland und Alice hinter den Spiegeln, stecken auch verschiedene Botschaften. Das Buch ist, ob von Lewis Carroll bewusst oder unbewusst beabsichtigt, aus einem ganz bestimmten Grund entstanden. Das gilt meines Erachtens für alles, das ist. Es ist voll von Metaphern, ob es das Fallen in das Kaninchenloch, das Teetrinken, der Jabberwocky, das Schachbrett, der Spiegel, das Verändern der Größe von Alice, die Zwillinge Tweedle Dee und Tweedle Dum, Humpty Dumpty, die Herzkönigin und so weiter und so weiter sind, alles hat meines Erachtens einen höheren Sinn.

Also könnte es sein, dass es schon früher Menschen gab, die vor dir bestimmtes Wissen über die 2 zu 1 Relation hatten.

Die Erde ist voll von solchen Hinweisen, ob diese Zeichen in Mythologien, Literatur, Glaubensrichtungen bewusst oder unbewusst eingebracht wurden divergiert wahrscheinlich.

Glaubst du, dass bestimmtes Wissen von bestimmten Vertretern unter Verschluss gehalten wurde und zu anderen Zwecken missbraucht wurde?

Das könnte sein. Es gibt solche Hinweise auch in den Anagrammen, ähnlich auch die Hinweise, dass im Weltraum und auf Erden Entdeckungen und Beobachtungen gemacht wurden, dass sogar geheime Experimente stattfinden, vor denen in den Anagrammen gewarnt wurde. Was Verschwörungstheorien angeht, bin ich skeptisch, aber kurioser Weise tauchen in Anagrammen zu einigen entsprechende Sachverhalte auf, die so schon einmal von den Verschwörungstheoretikern gedacht wurden. Schauen wir mal weiter.

CEUX D´ORIENT	→ Diejenigen des Orients
CD EXOT RUINE	
NUR EXITCODE	→ Ausgangscode /Austrittscode
EX UNCODIERT	
CODEX UNTIER	→ CODEX (Schriftrolle, Buch, Heft)
CU TORE INDEX	→ CU (see you), INDEX (Verzeichnis, Register)
DR ION EXECUT	→ execut (Ausführung)
END TUE CROIX	→ CROIX (überqueren, Kreuz)

DU SOLLST NICHT TOETEN	
UNS LITTEN DOLCHES TOT	
TUST TOLLEN SCHEINTOD	
TUN LOTT LOSENTSCHEID	→ LOTT (Lotterie?)
SCHNEID TUT LOTEN LOST	→ SCHNEID (Mut), LOTEN (ausloten, ausmachen), LOST (verlorenes)

DU SOLLST NICHT LUEGEN	
DU SOLLST TUN GLEICHEN	
DU TOLLST UNENGLISCHE	→ TOLLST (herumtollen), UNENGLISCHE (nicht die feine englische Art)

DU SCHLINGELT TUN LOSE

STELLT DU UNLOGISCHEN

SO ENTSCHULDIGT NULLE

DU LOGISCHES NETT NULL

NESS NULL; DU GOETTLICH → NESS (-heit, -keit)

DU SOLLTEN GESCHULT IN

TUNNEL LOS; DU GLEICHST

DU TOLL GESCHULT SINNE

SO DU STELL LICHTUNGEN

OK WIRKST LEICHT TEIG

T WIRKST OK GLEICHEIT → T (Tee), GLEICHEIT (Gleichheit)

OK STRIKT EWIGLICHET

OERTLICHKEIT WG KITS → WG (Wohngemeinschaft), KITS (Kids – Kinder, Kinder Gottes)

O KITT KREIS LICHTWEG → KITT (kitte)

SCHREIT WEG LOT KI KIT → SCHREIT (beschreite), KI (Lebensenergie, [:ki] – key - Schlüssel)

IK KI GOTTS WELTREICH → IK (ich)

GOTTS KI – KI WELTREICH

GOTTESWIRKLICHKEIT

ERHEBLICHEM AB TIPS

BIBLISCHE METAPHER

SPRICHT LEBE AB HEIM

MEHRTEN N GEHORSAM

HEH GERMAN MONSTER

HEH GERMAN STROMEN

| HEMMEN GARTENS OHR | → hemmen (behindern, abbremsen) |

| MAHNEN ERSTE GR OHM | → MAHNEN (anmahnen, ermahnen) |

HERR HATS GENOMMEN

| STRENG ROEHM AHMEN | → ROEHM (römisch), AHMEN (amen) |

| SEHN HARTEM MORGEN | → SEHN (sehen) |

HEH AM MORGENSTERN

SMOG; RENN THEMA EHR

| SO MR M.T. HERANGEHEN | → ;-) |

U RITT URMENSCH

| SCHIRME NR TUTU | → SCHIRM (Schutz), TUTU (Rock aus mehreren Schichten) |

UNTERSTRICH UM

NEUTRUM STRICH

UNTERRICHT MUS

ERSUCHT IN TURM

C IST TURMUHREN

TUN REICHS TURM

SCHIRRTE UNMUT → SCHIRRT (schirren, etwas anspannen)

TUN REICH STURM

RUHM CENT RITUS → RITUS (religiöser Brauch)

MURRT IN TUCHES → MURRT (mit brummiger Stimme)

MERCI TUN RUHST → MERCI (Danke)

RUTSCH MIT URNE

U SCHIRMT UNTRE → UNTRE (untere)

ER UMTUN CHRIST

SUC MUNTER HIRT → SUC (???)

EI SCHNURRT MUT → SCHNURRT (leises Geräusch)

UMSICHT RETURN → RETURN (Rückkehr)

RUTSCH; TUN REIM

URCHRISTENTUM

IRRT ECHT UM UNS

NOTIZ UNI ALLAH

HALLUZINATION

OFFENBARUNG

BOG NUR AFFEN

GLAUBENSBEKENNTNIS

AB NEBELTE KG UNSINNS

AB GEKLEBTEN UNSINNS

AB SINGEN TUN KNEBEL → KNEBEL (Art Mundbinde)

AB BEKENNTNIS LUGEN

AB GEBETS NUN LINKEN → LINKEN (hereinlegen, täuschen)

AB BENGEL INNE STUNK

ABSINK GEBEN TUNNELS

AB BLUT SINKENS GENEN

SENKTS AB NIBELUNGEN → SENKTS (absenken, versenken), NIBELUNGEN (überlieferte Heldensage)

AB BENENNUNG KLEISTS

ULKTENS BEGABEN SINN

AB KLEBEN GUTENS SINN

NUNS LENKST BEIGABEN → BEIGABEN (Abendmahl? Grab?=

AB SIEBEN NENNTS KLUG

BIS ENGELS UNBEKANNT

BAT KENNUNG SENSIBEL

AB LIEBSTEN KENNUNGS	
AN LEBENSKUNST BEING	→ BEING (SEIN, WESENHEIT)
GABEN IN LEBENSKUNST	

EVANGELIUM	
LUG MAI VENE	
VAGE UM LEIN	→ VAGE (nicht genau, klar)
NAIV LUEGEM	
EVANGELIUM	
VIA UMLEGEN	→ VIA (durch)
MAG VIEL NEU	
NEU MAG LIVE	LIVE (Leben)

ALS FEE UNTAT	
LAEUFT SET AN	
TAT SELEN AUF	→ SELEN (Seelen)
ALTES TAUFEN	
ATLANT EFEUS	→ ATLANT (Atlantis?),
FAEUSTENTAL	
AAS ET FLUTEN	→ ET (und)
FATALSTE NEU	
ALS FEE ANTUT	
ALTE SAUFTEN	

SATAN TEUFEL

TUTE ALFNASE → ALF (Adolf)

SUFT ANALTEE

TUT AALE SENF

LAEUFT SENAT

NA SA LUEFTET

FAULE TASTEN

ES WAR EINMAL

WER ES ANIMAL → ANIMAL (engl. Tier)

EINSAMER WAL

ALS ER AM WEIN

SEIN MALE WAR

AAL MIR WESEN

WIR ALE SAMEN → ALE (alle)

WAS REAL MEIN → REAL (echt, wirklich)

WEM INS AREAL → AREAL (Fläche)

EI SLAWEN ARM

WEN ALARM SEI

ALARM WEISEN

SALEM WAR NIE → Salem bekannt durch die Hexenprozesse im 17. Jahrhundert

SANTA VATI AKT	→ SANTA (span. der Heilige)
AN AKTA STATIV	→ AKTA (Akten), STATIV (lat. feststehend)
AN STAAT AKTIV	
NAIV TAKT SAAT	
SATAN VIA TAKT	→ VIA (durch)
VATI TANKT AAS	
VATIKANSTAAT	→ im Mittelalter
PAPST HEILIGE VATER	→ hier meines Erachtens nicht auf eine Einzelperson, sondern auf den Titel in geschichtlichem Kontext bezogen.
LAGERTEST PAPI VIEH	
SPAGAT VERLEIHE TIP	→ SPAGAT (redensartlich zwei Dinge zu einer zu vereinheitlichen, zu verbinden, 2 zu 1)
PAPA VERSIEGELT HIT	→ VERSIEGELN (verschließen), HIT (Treffer, Erfolg)
ALTPAPIERS GEHIEVT	→ HIEVEN (hochheben, bewegen, hochziehen, lichten), ALTPAPIERS (unter Verschluss stehende alte Dokumente?)
PATE VAGE HEL SPIRIT	→ PATE (Ehrenamt), VAGE (nicht genau), HEL (schwedisch – Ganze), SPIRIT (Geist)
AG HIPPIE VERALTEST	

GALAS VETTER HIPPIE

AG HIPPIE VERLASTET

PIEPST GAVE A. HITLER   → PIEPSEN (leises Geräusch), GAVE (gab) → wenig Einmischung?

ETAPPE SARG VIEL HIT   → HIT (schlagen, hauen)

ETAPPE GRAS VIEL HIT

PIRAT GESPAEHT LIVE

PAPA VERLIEH STETIG   → (Heiligsprechung, Seligsprechung)

LIVE HAARES GETIPPT   → (beim Segnen)

EG HAT PRIVATSPIELE

ETAGE PRIVATES PHIL

PAH GEIL PRIVATESTE

RELATIVE PAPIS GEHT   → RELATIV (verhältnismässig, vergleichsweise)

A PER TIPS LEIHT GAVE   → PER (durch, gemäß), GAVE (gab)

A PER TIPS GAVE HEILT

AT- HEIL GAVE PER TIPS   → AT (bei, an)

GEHT VIEL PAARES TIP

VERHEILT PAPA GEIST   → durch die Seele

KETZEREI HAERESIE

EI SEZIERTE KRAEHE   → SEZIEREN (anatomisch zerlegen), KRAEHE (Metapher für Hexe?)

EI HAIE TEERS KERZE

KAREE HEISERE ZEIT

SEIT KAREE ERZIEHE → KAREE (Städtebau)

KASTE ERZIEHE EIER → KASTE (Rasse)

ER KASTEIE ERZIEHE → KASTEIUNG (Züchtigung)

AKTIE SEZIERER EHE

HE; REZITIERE KAESE → REZITIEREN (vorlesen)

EITER KAESE; REIHE Z

KAISERZEIT ERE EHE

EHRE KAISERZEIT ÊÊ

ETHIKER REISE A-Z ÉÈ

Ich denke mir, wenn es heißt gleichen, dann heißt es nicht gleiches mit gleichem zu vergelten, sondern es heißt wieder gut machen. So auch im Teekessel, z.B. bete das Kreuz nicht an, sondern überquere es, lebe, liebe, gebe, teile und vertraue.

Wer sich weiter für Botschaften zum Thema Glauben und Religionen interessiert, kann ja zu Aussagen aus Schriften Anagramme bilden und ich glaube, dass in vielen sehr passende Kontexte zu dem Anagramm Code erscheinen. Das funktioniert meines Erachtens für alles Wesentliche. Bis zum nächsten Mal!

INTERVIEW 10: GESCHICHTE; AHNENTAFEL

Hallo Leute, herzlich willkommen zur zehnten Ausgabe von Werhatdieidee – TV. Michael, um was geht es heute?

Es geht heute um das Thema Ahnentafel und Geschichte. Natürlich kann ich aus der Geschichte nur einige Beispiele behandeln. Vielleicht motivieren meine Beispiele die eine oder den anderen ebenso Anagramm Codes zu historischen Ereignissen zu untersuchen. Wenn man von Geschichte spricht, dann steckt im Wort Ge`schichte, die Empfehlung die Ursache zu erkennen und daraus zu lernen, was zugleich eine Motivation ist, sich der eigenen Geschichte zu stellen. Das gilt also für die eigene als auch die Geschichte der Menschheit als Ganzes. Im Wort steckt aber noch mehr, denn mit Schichten ist auch all das gemeint, was sich durch die Geschichte aufgetürmt hat. Es sind daher auch die Erdschichten gemeint, die sich als Folge der Geschichte aufgetürmt haben. In diesen Schichten sind Geheimnisse der Geschichte verborgen, was sich ja die Archäologie zu Nutzen macht. Unsere bisherigen archäologischen Funde sind bestimmt nur ein kleiner Teil von dem, was sonst noch so alles im Erdboden schlummert. Was allein eine Stadt noch so alles an geschichtlichen Geheimnissen versteckt halten könnte.

Vorerst bleibe ich bei den Anagrammcodes. Und vielleicht fange ich bei einem Rätsel an, das mit den Kristallschädeln zu tun hat, die irgendwann aufgetaucht sind.

ALLAHS EDEL TRICKS

KRISTALLSCHAEDEL

HAAR DECKELS STILL → passt zu einem Schädel ☺

STRICHSKALA DELLE

`ELCH LSD LIES KARAT → KARAT (Maßeinheit für die Masse von Edelsteinen)

CD KREISSAAL HELLT

SAALS DICHT KELLER

AKT AS HELDKILLERS → AS (als, wie)

DR KELLE SICH SALAT

KEILS CATHEDRALLS → Kathedrale

LLL ASKETISCHE RAD → ASKETISCH (enthaltsam lebend)

SCHADE; ALT KILLERS

SCHADE; TAL KILLERS

SCHADE; LAST KILLER

CH KILLT SAALS ERDE

RADIKALSTE SCHELL

A DA SCHRILLT EKELS

SAKRAL DICH STELLE → SAKRAL (heilig)

CD SAKRAL EHE STILL

KRISTALLMENSCH

STELL IM SCHRANK

HIRNS LECKTS MAL

LAHM LECK STIRN

ALLERS SCHMINKT

MASKEN SCHRILLT

KNALLTE SCHIRMS

SCHMIERST KNALL

KAM SCHRILLSTEN

KNALLS METRISCH

KAM SCHELL STIRN

ALL MISCHT KERNS

Es erscheint schwierig die Anagramme zu Kristallmenschen zu interpretieren.

Ja, aber die Kristallmenschen gab es potentiell vor der Ära Wassermenschen. Aber es scheint so als wäre durch diese etwas schief gelaufen, dass sie etwas gemacht haben, vielleicht an etwas herum experimentiert haben, wovon sie keine Ahnung hatten, das einen extrem schrillen Ton auf dem Netz erzeugt hat, der letztlich zu ihrem eigenem Untergang führte. Ist aber nur eine Vermutung, um weiteres zu hinterfragen, müsste man mehr Anagramme zu dieser Gattung Mensch erzeugen.

Was glaubst du, wer waren denn unsere direkten Vorfahren?

Die Affen waren es meines Erachtens nicht, sondern wir wurden erschaffen, und zwar so wie wir das aus der Sendung zur Schöpfung bereits erfahren durften. Wir können uns ja mal ein paar Anagramme anschauen.

UNO SO VIELE TORHEIT	→ TORHEIT (Unbelehrbarkeit, Naivität, Dummheit)
VON ES TITULIERE OHO	→ TITULIEREN (nennen, benennen)
EVOLUTIONSTHEORIE	

OHI TUE VERSION LOET	→ LOET (löten im Sinne von etwas miteinander verbinden)
VETO! NEU: HEILT SO RIO	→ RIO (spanisch – Fluss, Strom)
HOERE EVOLUTIONIST	
SO OUT; VORTEIL HEINE	→ HEINE (romantischer Dichter)
HOERE; EVOLUTION IST	
LOTOS VOR EI; NEUHEIT	→ LOTOS (Klee → Metapher Glücksklee)
OHO TUT EILE VOR SEIN	
OHO VIRTUOSE TEILEN	→ VIRTUOS (mit besonderer Begabung, Fähigkeit)
OH VIRTUOS EILE E TON	
EI ROUTE SO VON THIEL	→ ;)
VON STIL EUCH OMEN	
O TEILCHEN VOM SUN	→ Sternenstaub?
SOLCH NEUEN MOTIV	
SCHULE NEON MOTIV	
EVOLUTION MENSCH	
U VOTO MENSCHLEIN	→ VOTO (FOTO?)
NOVUM SOLCH NIETE	→ NOVUM (niederl. – Neuheit)
U VON CO LEHMSTEIN	
IN SOLCH MEUTE VON	

LEICHEN VOM TUN SO

UNSCHOENE IM VOLT → VOLT (Einheit für Spannung)

VON OEL UMSICHTEN

HUT VOM SEIN CLONE → CLONE (klonen)

VETO UM LOCH SINNE → VETO (Einspruch)

VOM NEUEN ICH LOST → LOST (verloren)

´CH EIS NOT VOLUMEN → NOT (nicht, die Not), VOLUMEN (Rauminhalt)

SO VOLUME NICHTEN → NICHTEN (vernichten?)

GRUNDEINSTELLUNG

NUN ERDIG STELLUNG

IST NULL GEDRUNGEN

GRUNDGESTEIN NULL

NUN GURGELNDE STIL

LEUGNEND STIRN LUG

LUG REGNEND IN LUST

TUNS GURGELND ´LEIN → LEIN (allein)

NUR DEGEN GLUTS NIL

GLUT ERSINNEND LUG

DUENGT GRUSELN NIL → DUENGT (düngen)

NUN DUENGST GRILLE

UNGESUNDEN GRILLT

TUELL RINGSENDUNG →TUELL (luxemburgerisch – Tüll, netzartiges Gewebe)

EDEN STELLUNG GRUN → GRUN = GRÜN

GR NUN IDEELL GUNST → GR (groß?)

RAETSELECKE HUT NIL

NATUERLICHE SELEKT → selektiv (auswählend)

SAEUERLICH KLETTEN → KLETTEN (an etwas haften)

SCHAUKELTET IN LEER

´LLEN TUT SCHAEKEREI → herumschäkern

ER ULK EINSCHALTETE

ULKTET EIERSCHALEN

TUERKEN AELTLICHES → türken (fälschen)

AELTLICHEN TEE KURS

NACHTEILE ULKS TEER

EULEN LICHTSTAERKE

TAUSCHTE KELLER EIN

NACHLESE ULK EITERT

KULTE SCHALENTIERE

LACHSEIER TUT EKELN

EKELT ERSTAUNLICHE

RITUELLE KAESTCHEN

LEUT HAECKSELN TIER

NEU AESCHERTE KILLT

TAETLICHEN; LESE KUR

KNETE RITUS; LAECHLE → KNETE (verforme), RITUS (religiösen Brauch)

REITE KUNST; LAECHLE

Auch wenn die Kritik in den Anagrammen manchmal recht scharf erscheint, so erscheinen auch zureichend Tipps. Und zwar solche für ein liebevolles und freudenvolles Leben. Der Weg ist das milde, liebe, sanfte Wort in der Tat, dem ethischen Handeln, wie die folgenden Anagramme belegen.

WIRFST TEE FAND NON → NON (nicht)

WART STOFFEN IN END → WART (ward), END (Ende)

WENN RIFF TOAST END → RIFF (geografische Erhebung)

WEINT; REN; FAND SOFT → REN (renn), SOFT (weich)

WAENDE STOFF RINNT

FENSTER OFT IN WAND

TENOR IST WAFFN END → TENOR (haltende Stimme), WAFFN (Waffen)

TON REIST WAFFN END

EFF DATEN WORT SINN	→ EFF (nachäffen, nachmachen)
SANFT WORTE FINDEN	
NEW TON FIRST FADEN	→ NEW (neu), FIRST (erster)
DA FEEN WIRFT SONNT	
DA TREFFEN WO SINNT	→ SINNT (sinnen, nachdenken)
DA OFFEN WERT SINNT	→ WERT (Werte)

WO ABFAHRT GETREUES	→ GETREUES (genaues)
SO WURF ABGEHAERTET	
SO AB GEWARTETER HUF	→ GEWARTET (fachmännisch gepflegt)
SO TAT WEGBARERE HUF	→ WEGBAR (bewegbar, gangbar)
WEHR STOERT AUFGABE	→ WEHR (sich zur Wehr setzen, Kampfwehr)
FRAGE HAUBE WORTES	→ HAUBE (Bedeckung)
WER EHRE TAGBAU SOFT	→ SOFT (weich)
GEBE HARTES WORT AUF	

DIE CD TEE ID WELKT NORM	→ ID (Idee), WELKT (verwelkt), NORM (Maß, Regel, Vorschrift)
ID MELDEN WEITER KOT	
DIE WETTEND KLOREIM	
DE MINIWELT REDE KOT	→ DE (von)
DE MINIWELT ERDE KOT	

ID WERK LEIMENDE TOT

ID MELKT WORTEN IDEE

EKELT IM TOR; WENDE ID

MERK WIE ID ENDET; LOT → LOT (löt), LOT (Bibelfigur)

WENDE ID; KITTE; ER MOL → MOL (moll)

EI ENDEKE MILD WORT → ENDEKE (entdecke?)

HEILERE FROST AB, WER

LEHRWORTS Â-B FEIERE

SO REIB FEHLERWERT A

WO ARIE RESTFEHLER B → ARIE (Gesangsstück)

OHRES LEERE ABWIRFT

WOHER LEITERS FARBE

WIR´S AB OEFTERE LEHR

WOHLSTER A-B REIFERE

ER EHELOSER WIRFT AB

LIEFERE EHR WORTS AB

WERT LEISERER AB HOF

HE WORT FARBE LEISER

FARBE HEILERES WORT

WO LESER FAHR BEREIT

FAHR OBER WELTREISEN

LOWE SET AB FREI HERR	→ LOWE (love – Liebe)
ERFAHRE LIEBES WORT	
IHR WORTFARBE SEELE	

WO NR GELIEBTEN SOS	
WORIN SOS BELEGTEN	
WO SONST NEBELIGER	
WELTREGIONSBOESN	→ BOESN (Bösen)
WO NR SOS EINGELEBT	
SO WIRST BELOGENEN	
NEBELIG WORTEN; SOS	
WEN TORSOS NEBELIG	→ TORSO (Rumpf)
NON WORTS EIGELBES	→ NON (nicht)
SO GEWOELBTER SINN	→ GEWÖLBT (gekrümmt)
WEISSGELBE NON TOR	
TONE WOG SENSIBLER	
LOS WORTS EINGEBEN	
WER SO GELOBTE SINN	
WER LOTOS SINN GEBE	→ LOTUS (Klee)
ERGEBNIS TONS LOWE	→ LOWE = LOVE
SO LEBENSWEG IN TOR	
LEBE SONNIGES WORT	

AM NARZISS PER DATEN	→ NARZISSMUS (Selbstverliebtheit)
AN SSZ PRIMAERDATEN	
DRAMAS ZARTE SPINNE	
DRAMA; AN SETZER SPIN	→ SPIN (etwas spinnen, z.B. Handlung, Drama)
ZERSPANTES IN DRAMA	→ ZERSPANTES (zerrissen), VERSPANNT (verhärtet, verkrampft)
DRAMA AN ESSENZ TRIP	→ ESSENZ (Wesen der Dinge, das Wesentliche), TRIP (Rausch)
ADRESSATEN AM PRINZ	
ERST ADAM AS PRINZEN	→ AS (als)
MEINS ZARTS PAAREND	
PRISMA DARANSETZEN	→ PRISMA (in der Optik durchsichtiger Körper)
TRANSPARENZ AM DIES	→ TRANSPARENZ (Durchsichtigkeit), DIES (diesseits)
A DA AM ERSTENS PRINZ	
ZARTN MENS PARADIES	→ ZARTN (zarten), MENS(CHEN)
A DA AM STERNES PRINZ	
AM STRAND SPAZIEREN	

In den Anagrammen erscheinen wieder Hinweise auf ein gesponnenes Drama, aber auch erscheint hier die narzisstische Selbstverliebtheit in das Körperliche. Einfluss auf diese hat meines Erachtens das Ego, wodurch im Hier und Jetzt, die auf Erden gegenüber dem Weltlichen existierenden Gegenpole, die Grundlage unseres Dramas, entstanden ist. In der Geschichte der Menschheit wurde sich häufig für die von mir so genannte zweite Bedeutungskonstitution entschieden. Es ist aber auch vorstellbar, dass diese durch das Handeln des Menschen erschaffen wurde. Ich habe mir dafür eine Geschichte ausgedacht, die versuchen möchte, die Entstehung dieser zweiten Bedeutungskonstitution zu rekonstruieren. Dafür beginne ich mit Adam. Also, ich fange jetzt mal an, ein Drama zu spinnen, das eine etwas andere Evolutionsgeschichte erzählt.

Nach ihrem Turmfall vom Paradies hatten Adam und Eva plötzlich voneinander verschiedene Blutgruppen. Aus AB positiv, der menschlichen Variante einer ich würde es eher als E Gruppe beschreiben, wurden zunächst die Blutgruppen A und B. Später sollte noch eine weitere Blutgruppe nämlich Null dazu kommen, diese hatten dann die Kinder, die Adam nicht mit Eva gezeugt hatte. Die Gegebenheiten auf der Erde waren noch zu dieser Zeit anders. Adam und Eva waren im Prinzip in ihrer menschlichen Hülle unsterblich, die Erdanziehung war noch nicht so stark, so dass sie gleiten konnten. Es gab keine giftigen Früchte oder Tiere, keine spitzen Felsen und selbst im Wasser konnten sie anfangs noch atmen. Es gab keine Krankheiten, und die einzige Aufgabe die beide zu Beginn bewerkstelligen sollten, um ins Paradies zurückzukommen, war das Hüten des Nils. Irgendwie hatten Adam und Eva aber nicht den Sinn des Hütens verstanden, denn für sie gab es da nichts zu hüten. In Wahrheit bestand die Aufgabe darin, ihr Vertrauen in Gott zu bewahren und darin geduldig zu bleiben. Das war aber nicht der Fall, so schafften sie die Gegenpole Ungeduld und Misstrauen, was weitere Kettenreaktionen zur Folge hatte. Aus der Ungeduld wurde Langweile und durch die Langeweile kamen beide auf die Idee, nicht mehr ihrer Aufgabe des Hütens nach zu gehen, sondern Dinge auszuprobieren, die sie nicht kannten.

Im Nil gab es damals nur Aale. Und was hinter dieser Tierart steckte, machte Adam neugierig und irgendwann kam er auf die Idee einen Aal zu fangen und ihn zu essen. Dadurch ist das Töten als Gegenpol zu Leben entstanden, aber auch das Fisch und Fleisch Essen als Gegenpol zu sich nur von Pflanzen, Früchten und Gemüse zu ernähren. Für das Essen von Früchten und das Trinken von Wasser war noch keine Verdauung notwendig, die entstand allerdings ab dem Moment des Fisch und Fleischverzehrs, wodurch zusätzlich Magen und Darmprobleme entstanden. Adam und Eva verstanden das Warum nicht und machten mit neuen Erforschungen von Gegebenheiten auf der Erde weiter, so dass immer weitere Gegenpole entstanden. Mit Adam und Eva gab es damals nur zwei Menschen auf der Erde. Daher funktionierte das Schaffen von Polen und Gegenpolen in Windeseile, weil das Netz, das die Energien leitet, noch nicht so belastet und eingefroren war. Beide ernährten sich auch von Honig, den sie den Bienen wegnahmen, was dazu führte, dass Bienen Stachel bekamen, aber auch andere Insekten wie Wespen mit Stacheln entstanden. Mittlerweile gab es auch giftige Pflanzen, Tiere und so weiter. Adam und Evas Körper wurden schwerer, sie wurden matter, blasser, kränker und alterten, auch wenn dies im Verhältnis zu heute, immer noch recht langsam geschah. Sie wurden genervter, gestresster, stritten sich und als sie ihre ersten Kinder bekamen übertrugen sie dies auf sie. Viele der Kinder, die gezeugt wurden, verließen ihre Eltern irgendwann und besiedelten andere Orte. Da Adam und Eva sehr lange lebten, waren es wirklich sehr viele Kinder. Adam hat sie nie gezählt. Als Adam irgendwann nach Tunis kam, war ihm gar nicht bewusst, dass die Bewohner dort alles seine direkten Nachfahren waren, so dass er als er Eva untreu wurde, nichtwissentlich mit seinen Urururururenkeltöchtern ich nenne es mal Affären hatte, wodurch wieder neue Kinder entstanden. Und alle Nachfahren hatten natürlich auch die Gewohnheit aus positiv gepolten Dingen den Gegenpol zu erschaffen, so dass in wenigen hundert Jahren bereits so viel an gegenpoligem entstanden ist, dass es kaum noch aufzuhalten schien. Es entstanden Kriege und es floss Blut. Aus Leichenteilen und Verwesungsüberbleibseln entwickelte sich über die Jahrhunderte Öl, das als schwarzes Gold bezeichnet wurde, was dann zu Umweltverschmutzung, Kriegen, usw. führte. Adams Nachfahren hielten an den Gegenpolen fest, was zu weiteren Gegenpolen führte. Sie wollten weiter in den Himmel hinaus, eigene Kreaturen erschaffen, mit Dingen herum experimentieren von dessen Konsequenzen sie keine Vorstellung hatten. Und irgendwann im Dazwischen bauten sie einen Turm, der als Turm zu Babel in die Geschichte eingehen sollte. Und dazu habe ich folgende Anagramme entdeckt:

MYSTERIUM TURM

YES IM TURM TURM → YES (Ja)

YETI SURRT MUMM → YETI (Schneemensch, Fabelwesen), MUMM (Mumm haben/Mut)

MERRY IS MUT MUT → MERRY (fröhlich)

MIT MUT UM SYRER?

DEN LOEFFEL ABGEBEN

ABLEBE OFFENLEGEND

ABLEBEND FEE FOLGEN

ABLEGEND LEBE OFFEN

AB BON FELD FEE ENGEL → BON (gut)

BE GOLDEN FABELN FEE → BE (sein)

BABEL END LEGE OFFEN

DEUTEN

TUE END

STAUB MUSS ZUR ERDE

ZUM STUSS DARUEBER → STUSS (Unsinn)

DU STURMES ZAUBERS

ZU ABSURDESTER MUS

STREUS ZU BAD SERUM → SERUM (Blutflüssigkeit, Flüssiges)

RUSS ZU SEEBAD TURM

ZUM STEUERRADS BUS

ADRESSE BUS ZU TURM

ER BUCH TOWER → TOWER (engl. Turm)

CH WEB RETOUR → WEB (weben), WEB (engl. Netz), RETOUR (Rückkehr), (LA) TOUR (franz. Turm)

WOERTERBUCH

EUCH WORT ERB

WORTBRUECHE

WO TEER BRUCH

URHEBER TO WC → TO (zu, nach)

WER ECHO BRUT

BRUT WC; HOERE

ORE BUCH WERT → ORE (OHRE)

LOBE WEITER

WEBEREI LOT

WOLE BEREIT → WOLE (Wolle)

WER EILBOTE

BEEIL TOWER

WO ERBTEILE

O WIRBEL TEE

EI LEB WORTE

WEILT OBERE

LIEBE WORTE

WORTE

TOWER → Turm

WO WAR TURM BABEL?

BABEL WAR UM WORT

WO WURM LEB ABART

AMOR WAR BUB WELT → Amor (römischer Gott der Liebe in Mythologie)

WO BUB LAERMT WAR → WAR (Krieg)

WO ABER BRUTAL WM

BEWARB MAULWORT

WO WM ARABER BLUT

BEWARB MORAL WUT

WO UM BARBAR WELT

WARB; WORT BAUMLE

MALE WAR BUB WORT

WARUM? LEB WORT AB

Hinter dem A-B oder AB steckt meines Erachtens sehr viel, später wenn es um die Schachmetaphorik geht, hat diese Verbindung eine ganz wesentliche Bedeutung. Im Prinzip ist damit die 2 zu 1 Verbindung gemeint. A steht für den Turm, das Weltliche, das Botenhafte, das Geradlinige, B für das Irdische, Sprunghafte, das Gegenpolige. AB wiederum ist die Verbindung und Gleichzeitig der Weg ins Ziel, sobald es gelingt, dem eine Herzform zu geben. Die Schachmetaphorik erscheint sehr clever durchdacht, aber zu mehr komm ich später. Häufig tauchen sogar noch C und D als weitere Seiten auf. Auch diese gilt es zu überwinden.

Der Turm zu Babel wird ja auf dem Territorium des heutigen Iraks vermutet. Meinst, du dass dein Anagramm ein Hinweis darauf sein könnte, dass dies nicht so ist, sondern dass er im heutigen Syrien zu entdecken wäre.

Könnte sein, vielleicht erscheint eine Antwort ja in weiteren Anagrammcodes. Interessant ist die immer wieder erscheinende Botschaft in den Anagrammen, zum Wort Gottes in seiner positiv gepolten Bedeutung zurückzukommen, die zweite negative Polung im Teekessel aufzugeben. Ich habe dazu noch ein weiteres Anagramm.

WER GOTT TRIEBES

BEGEISTERT WORT

ER GOTT IST WEBER

ERBETE IST G WORT

WG IRR BETE TOTES

BROTTEIG WERTES

ER GIBT TEE WORTS

ER IST GEBOT WERT

GEBT; REIST WORTE

GEBT; REIST TOWER

Wir möchten also üben mit den Worten in Gebrauch und Handlung umzugehen, sie im positiven Herzgefühl zu interpretieren. Immer zu schauen, was ist der positive Teewert, was der negative. Dann heißt es, sich dem, was der positive Teewert mit sich bringt, zu zuwenden und sich von zweiten gegenpoligen Bedeutungskonstitutionen zu lösen. Wenn es kein Minus mehr gibt, dann erhält man auch keine Null mehr, sondern bleibt im Positiv. Im Weltlichen ist das Eins, so ist meines Erachtens hier auch das Leben eine ewige Erfahrung. Wenn man sagt, es gibt kein zweites Leben, dann stimmt das gegenpolig, wenn man davon ausgeht, es gäbe den Tod. Wenn man jedoch davon ausgeht, das Leben ist ewig, dann ist es auch nur eins, ein ewiges im positiven Sinn. Ich habe noch Anagramme zu Vergangenheit, zum Geheimnis Atlantis und ein weiteres zum Rätsel Gizeh.

VERGANGENHEIT

TEIG VERHANGEN

ETAGE HING NERV

IHN GEGEN VATER

GRAVEN EINGEHT	→ GRAVEN (niederl. Graben)
GRAVE NEIN GEHT	→ GRAVE (engl. Grab, Grube, Tod)
IVAN HEGTE GERN	
GEHEN NEGATIVR	→ NEGATIVR (negativer)
GEHERN NEGATIV	
ATHENE VERGING	→ ATHENE (griech. Mythologie – Göttin der Weisheit)

SEAGATES MITHIN NIL	→ SEA GATE (Meerestor)
HEIMIG STAATINSELN	
GEHEIMNIS ATLANTIS	
IM ATHEN IST SIGNALE	→ Der griechische Philosoph Platon erwähnte Atlantis erstmals
IST INHALTENS MAGIE	→ mythisches Inselreich
STILIST AHNEN IMAGE	→ AHNEN (erahnen), IMAGE (Bild)
ILTIS EIS ANGEMAHNT	→ ILTIS (Marderart)
SIE HING IN LAMETTAS	
MISSING EHE ATLANTI	→ MISSING (vermisst, fehlt)
NIE IHM SAGAS TITELN	
MINI TEIGS ANHALTES	
AALEN MITHIN GEISTS	
GEH´S INTIM IN SALATE	→ INTIM (sehr nahe, vertraut), SALATE (Wortsalate? Durcheinander?)

AALE HITS MITSINGEN	→ ALLE?
AALE INNIGSTEM HITS	
ANHALTE MINI GEISTS	
EIH TIMINGS SALATEN	→ TIMING (zeitliche Koordinierung)
SIEH´S IN TAGENTIALM	→ TANGENTE? (tangere – lat. berühren)
SIEGT IN EINHALTSAM	
ANLAGE HITS IN TIMES	→ TIME (Zeit)
SEI MEIN GALANTS HIT	→ GALANT (zuvorkommendes Verhalten)
HEIM IST IN GALANTES	
MAITAGE HEILT SINNS	

GIZEH RAETSEL	
LEHRZEIT SAGE	
AI LEHRGESETZ	
LAGERIST ZEHE	
HAELT ZEIGERS	
GAR SETZE HEIL	
ARG SETZE HEIL	→ ARG (schlimm, übel, heftig)
LAESTIGER ZEH	
ZERSAEGT HEIL	

ZAEHLER GEIST

ZIEHST EGALER

SAEGT EHR ZIEL

HEIZT GLAESER

ARG STEH ZEILE

STEH ZIELE ARG

HERZIGES ALTE

ZAEHLER STEIG

ALTE HERZ SIEG

REISE GEZAHLT

GAR STEHE ZIEL

HERZ SAGE EILT

SAGT EHRE ZIEL

HERZ SAGT EILE

SIEHE GAR ZELT   → ZELT (Sternenzelt?)

Spannend, dass im Zusammenhang mit Atlantis Zeilen wie „Seagates mithin Nil", „Heimig Staatsinseln" usw. erscheinen. Glaubst du, dass das Geheimnis um Atlantis mit dem Nil zu tun haben könnte?

Wer weiß. Vielleicht sind ja nicht nur die Pyramiden in der Nähe des Nils Tore, wie man es aus einigen Anagrammen deuten könnte. Letztlich geht es aber um etwas, was uns mehr interessieren möchte, nämlich, wie schaffen wir den Tee die gegenpolige Seite, die zweite Bedeutungskonstitution wieder los zu werden? Vielleicht, indem wir uns der einpoligen Seite, der Herzseite zuwenden und leben. Öfter auf das Herzgefühl hören. Dies mit Rücksicht auf alles Leben. Dann löst sich meines Erachtens das Gegenpolige von selbst. Es folgen weitere Anagramme zu geschichtlichen Begriffen oder Sachverhalten:

ARCHAEOLOGIE

EGALER AHOI CO

O GO RIECHE AAL   → GO (gehen)

GRACIA OH OELE   → GRACIA (Gnade), GRACIAS (Dank)

HAARIGE CO OEL

CHRONOLOGIE

OHR GEIL ON CO

ORGIEN HOL CO

O NO LOECHRIG

O COOL GEHIRN

CO OEL HORNIG

ER COOL HONIG

ETHNOLOGIE

OH LOG NIETE

THEOLOGIEN

OH NOTGEILE

HOTLINE EGO

OH LOT GENIE

HOL NOETIGE

LOGO TEE HIN

OEL ET HONIG → ET (und)

HOLT GEO EIN → GEO (griech. Erde)

HISTORISCH

OH IS CHRIST → IS (IST)

HI HIT CROSS → HIT (schlagen), CROSS (Kreuz)

OH SIR TISCH

SIR IST HOCH

HORCHT ISIS → ISIS (Göttin der ägyptischen Mythologie)

IHR STOISCH → STOISCH (hier: gelassen, unerschütterlich)

IHR HISST CO → HISSEN (hochziehen)

ICH HIRT SOS

ICH ISST OHR

HI IST CHORS

SOZIALGEOGRAFIE

I AREAL ZOG EIS FOG → AREAL (Fläche), FOG (Nebel)

GALAS EIFRIGE ZOO

FEIG ERGO ASOZIAL → ERGO (folglich, demnach)

FOI GAG SOZIALERE → FOI (portugiesisch – es war)

AGILE ZOO GASFREI	→ AGIL (systemtheoretisches Modell)
SO FRAGE AGIO ZIEL	→ AGIO (italienisch – Leichtigkeit) AGIO (bequemeres)
SO FRAGE AGIO ZEIL	

VOELKERKUNDE	
KNOEDEL KURVE	
DOKU VEREKELN	
EDV LUKE KRONE	
VOR LUKE DENKE	
EDV EULEN KORK	→ EULE (haben Augen mit konvexer Linse), EULEN (Aberglaube: Hexenvogel)
KO VERDUNKELE	
VOR ULKE DENKE	
KO ELEND KURVE	
OK EDEL KURVEN	
ERDE VOLK UNKE	→ UNKEN (pessimistische Haltung)
EDV KORNKEULE	
KURVE KLO ENDE	
KUNDE VOR EKEL	
DOKU KLEE NERV	
DOKU VENE KERL	

DU VENE KERL OK

Vieles was in anderen Anagrammcodes schon gesagt wurde, wiederholt sich hier. Dass wir um unsere Umwelt achten möchten. Handeln in Sachen Umweltschutz, Reduzierung von CO und CO_2, Friedensbemühungen, Ausstieg aus Kernenergie sind Themen, die in den Anagrammen als Empfehlung erscheinen. Ebenso geht es immer wieder um das Finden des lieben Wortes. Es gibt noch zahlreiche Anagrammcodes, die das belegen. Ich mache jetzt große Sprünge durch die Geschichte. Also hier die nächsten Anagramme quer durch die Geschichte.

EROS PIKES GELEERTE	→ EROS (Liebesgott in griech. Mythologie), PIKE (Spitze, Stachel)
SPEERE SOG KELTEREI	→ SPEER (Jagdwaffe), KELTEREI (Fußtretung)
KEGELTE IRREES EPOS	
PERKE ERLOESE GEIST	→ PERKE (italienisch – da)
GROTESK SPEIE LEERE	→ GROTESK (Übertreibung, Verzerrung), SPEIEN (spucken)
KO GERIESELT SPEERE	
LOESTE PER SEEKRIEG	→ PER (durch)
POLSTERE SEEKRIEGE	
ER SPIEGELE ESKORTE	→ ESKORTE (bewaffnete Begleitung)
OPER SELIGERE SEKTE	
TEEKESSEL PORE GIER	
TEEKESSEL PER ORGIE	

RESPEKTLOSE GEIERE

EG ESSE KOERPERTEIL → ESSE (essen)

REGIERE ESST POEKEL → PÖKEL (Salzlake)

ES RESPEKT OELIGERE

ER GELEISE PO SEKRET → SEKRET (Absonderung)

SO REGIERE EKEL PEST

GEILERE PRESSE KOTE → PRESSEN (Druckerhöhung)

GEKROESE LEERE TIPS → GEKROESE ???

KOERPER GEIST SEELE

MITTELALTER

MITTEL TALER → TALER (Geld im Mittelalter)

METALL RITTE → RITTE (Ritter)

ALLEM TRITTE

LAERMTE LITT

LAERMT TITEL

MALTET LITER

ERTEILT MALT

VOLL VERHEEREND

REVOLVERHELDEN

221

VERENDE VOR HELL

EDV EHRENVOLLER

VEREHRD NOVELLE

ALT SZENERIE

ZIEN RAETSEL → ZIEN (ziehen) → nanu, was kommt denn da in unser Dorf?

ANREISE ZELT → oha, ein Zirkus!

LEIER TANZES

NETZ SEI REAL

SEILTAENZER

ERSATZLEINE

ARIE STELZEN → ARIE (vorgetragenes Gesangsstück)

EISERNE LATZ → LATZ (Kleidungsstück zum Schutz vor Beschmutzung)

LANZE STIERE → LANZE (Stichwaffe)

ER NASE ZIELT

ZIELEN STARE

AN ESEL RITZE

ARZTES EILEN

ALT SEZIEREN → SEZIEREN (Leichenöffnung)

EIN LEERSATZ

EI LAST NERZE	→ LAST (Belastung), LAST (lasst), NERZ (Marderart)
AN ERZIELTES	
ZINSE AELTER	
SANIERE ZELT	

FRANZOESISCHE REVOLUTION

ZU FOIS SCHOENER VOLTAIRE	→ FOIS (Zeit), VOLTAIRE (franz. Vordenker der Aufklärung)
O SOS RUFZEICHEN VOLTAIRE	→ VOLTAIRES Kritik an Absolutismus und Feudalherrschaft
CLASS ZOO VOR NEU FREIHEIT	→ CLASS (Klasse), ZOO (altgriechisch: Lebewesen)
ZEIT SAUCE HOFS VORN LOIRE	→ SAUCE (Sosse), LOIRE (franz. Fluss)
OHO VERFASSUNC LOIRE ZEIT	→ VERFASSUNC (Verfassung)
CHAOT LOUIS VOR SZENE FREI	→ Louis Auguste (Ludwig XVI.) von Frankreich
FACTO VOILE REZESSION UHR	→ FACTO (Tatsache), VOILE (franz. Schleier), REZESSION (wirtschaftlicher Abschwung)
OHO FEIN ZUC TOR VERSAILES	→ ZUC (Zug), VERSAILES (Versailles)
ZUVOR RIET ECHO INFO ELSAS	→ ELSASS (franz. Provinz)

CROSS ZOFE VOILE HAUT REIN	→ CROSS (Kreuz, überqueren), ZOFE (franz. Bedienstete eines Hofes), VOILE (Schleier), Haut-Rhin (französisches Département)
NAIVES HOFES ZU TRICOLORE	→ TRIKOLORE (hier: Flagge Frankreichs)
ER INFO: AUTSCH VERLIES ZOO	
INFO ZOO: VERLIES SCHAUERT	
OH ROTZ SAUCE VERLIES INFO	
TUN ZOO VERLIES RIEF CHAOS	
NIVEAU ZOO SCHREIS FOLTER	
SO ZU VISION RAECHE FOLTER	
VISION FOLTER SCHAUE ZERO	
OO VERZEICHNIS TORE LAUFS	
ACH SOZIEN VORS TOUR EIFEL	→ Sozien (Teilhaber), Tour Eiffel (Eiffelturm)
ACH ZESSION VOR TOUR EIFEL	→ ZESSION (Abtretung bzw. vertragliche Übertragung)
ARCHIV: LIEFERST ES UNO ZOO	
ARCHIV: EINFLUESSE ZOO ORT	
ARCHIV: SO LIEFERST NEU ZOO	
ARCHIV: SOS FILTERE NEU ZOO	
OHO EI ZIELORT VERFASSUNC	→ VERFASSUNG

ICH TITANIC SOLL SEE

EISSCHOLLE TITANIC

TITANIC, LOS SCHIELE

ACHTE COLT EIS. ILS IN	→ ILS (franz. sie → Plural), COLT (cold? – engl. kalt)
CATCH LEITLINIE SOS	→ CATCH (engl. Fangen, erwischen)
OI EIS SCHNITT ALLES	
EI IST IN LEC ACHTLOS	→ LEC (Leck)
LOCHES LIES TITANIC	→ LIES (to lie – engl. liegen), liegen bleiben?
SEIT IN TEIL CHAOS CL	→ SEIT IN TEIL (Seitenteil?)
I SCALE INS TOETLICH	→ SCALE (engl. Skala, Rahmen)
ICI LOSTEST LAICHEN	→ ICI (franz. Hier), LOST (verloren, untergegangen), LAICHEN (Leichen)
II. CLASS TOT LEICHEN	→ II. (zweiter), CLASS (engl. Klasse)
ICI TEIL LOST SACHEN	→ LOST (engl. verloren, untergegangen, vermisst)
ACH TEILES STIL CINO	→ CINO (Kino)
EI TOLL CINEASTISCH	→ Hinweis auf die zahlreichen Verfilmungen des Unglücks

TITANIC GAB REISEN

TITANIC AN EISBERG

AT ICE IN GRABSTEIN	→ AT ICE (auf Eis)
AG AN ICE BITTERNIS	
UNTERGANG	
UNGERN TAG	
IT ICE GRABSTEIN	→ IT (es), ICE (Eis)
TITANIC EISBERG	
ABRIET ICE, SINGT (sinkt)	→ ABRIET (vom Kurs abriet?), SINGT
ICE STIG ANTRIEB	→ STIG (stieg)
TRIEB AN STIG ICE	→ STIG (STIGMA – Wundmal)
ICI TAGES BRITEN	→ ICI (hier)
RAST, BIEGT IN ICE	→ RAST (von rasen)
ICI STAR IN GEBET	→ STAR (der britischen Rederei White Star)
LOW MYTHOS GALERIEN	→ LOW (tief, niedrig), LOW (LOVE?)
WOHL GENIALEM STORY	
HEY WO SOLL EMIGRANT	→ zahlreiche Auswanderer
SEHR EMOTIONAL WG LY	
MY HEART WILL GOES ON	→ Song aus dem Film „Titanic, 1997)
WEH IM TOLL SONG YEAR	→ WEH (Leid), TOLL (tollen), wurde zum Song of the Year ausgezeichnet

SONG YEAR WEIHT MOLL

WEIL HOLT M SONG YEAR

WO TOLS GRAMY LEIHEN → TOLS (TOLLS, STOLZ), GRAMY (GRAMMY 1999)

LOWE GEMAHL IN STORY → LOWE (Love)

EISENHART WOG MOLLY → (Die unsinkbare Molly Brown?)

MOLLY ARGWOEHNT EIS

JENER HULDIGT → HULDIGUNG (Treue-Versprechen)

JUDEN GILT EHR

DREHTEIL JUNG

HITLERJUGEND

HERD LEIT JUNG

HIRT LUG JEDEN

DIE JUNG LEHRT

JEDE HIRN GLUT

JUDEN LEGT IHR

EJ IHR TUN GELD → EJ = EY, HEY

EJ RUHT IN GELD

FALL D ROHEIT → D = Deutschland?

TIROL DA FEHL

DR OLAF THIEL

TALDORF: HEIL

DRILLTE HOF A   → DRILL (streng autoritärer Erziehungsstil), A = Austria, Österreich?

ALF; DORT: HEIL

ADOLF HITLER

ALL DORFE HIT   → Hit (schlagen)

IHR FALLE TOD

DREI ALT FLOH

DA FILTER HOL

TORHALLE FID

AL DIH FOLTER   → AL DIH (all die)

DA LITER FLOH   → FLOH (floss?)

HILF ALE DORT

REAL TOD. HILF

ROT HALF LEID

ADOLF HITLER

FREITOD HALF
_____

ALF HEMMT KERN

HENKER FLAMMT

KAMMERN HELFT

HARFEN KLEMMT

HEFTKLAMMERN

ARIE KNOTENKETT

KETTENREAKTION

ANNEKTIERTE KOT → ANNEKTION (Anbindung, Anknüpfung)

KONTAKTE IN TEER

RAKETEN ET IN KOT → ET (und)

TOT; KEIN RAKETEN!

KO RAKETEN TINTE

TAETER KNIEN KOT

ORT AKTIEN KNETE

KAREE TON KITTEN → KARREE (Formation beim Militär)

ARTEN KETTE KINO

KINO TRAENKT TEE

KINO ENTARTETE K

TOR TEEKANNE KIT

T TEE KINOKARTEN

E.T. KONTAKTIEREN

OK NETT EINAKTER

MODERNE ZEIT

MODE REIZTEN

NETZ IDEE ROM → Einfluss römisches Reich?

DERZEIT OMEN

ZIEND METEOR → ZIEND = ZIEHEND

ZEITEN MORDE

TODE IM NERZE

DIE NETZE ROM

ENDET IM ZERO

DOZENT REIME

DEZENT IM ORE → ORE = OHRE

MEIDE ROTZEN

DER TIME ZONE

AMERIKANER AUF MOND

A RIEF KOMMANDEUR AN → KOMMANDEUR (militärischer Führer)

A KEIFE MOND ARM URAN → KEIFEN (laut schimpfen)

A MORE KUNDE AN FIRMA → A (ein), MORE (mehr)

FIRMA KAUERE AN MOND → KAUERN (herumhängen, herumhocken)

KAREE UNFAIR AM MOND

KAM AROMA UNFRIEDEN

DRAMA UNFEINER AMOK

A DA AKNE IM URFORMEN

AMERIKANER AN DM UFO

D FERN UM KOMA ARIANE → ARIANE (europäische Trägerrakete)

U MODI AN FERN KAMERA → MODI (Arten, Weisen)

MIR ARMADA KENNE UFO → MIR (russische Raumstation), ARMADA (Flottenstreitmacht)

KALTER KRIEG

LIGA KERKERT

EKLIG KRATER

KARGER KEILT

REKTAL KRIEG → REKTAL (Enddarm)

AKTE GEKLIRR

KRIEG'R EKLAT → KRIEG'R (Krieger), EKLAT (hier: ärgerliches, politisches Ereignis)

TRAGIK KERLE

KARG RELIKTE → KARG (schmucklos, glanzlos, trüb), RELIKT (Überbleibsel)

KLAERT KRIEG!

EUCH URBAN WEG → URBANISIERUNG (Verstädterung)

AN BUCH WUERGE

WEN AUGE BRUCH

WEN AUCH GRUBE

EUCH WEG BRAUN

EUCH NUR ABWEG

UEBERWACHUNG

MAUERFALL NEUNUNDACHTZIG

MUT ICH DRAENGELN ZU ANLAUF → MUT ICH (mutig)

U UNGARN CAMT LANDE ZU HILFE → CAMT (kam)

UI MACHEN AU GRENZLAND LUFT

ALEMANNEN ZUR GAUDI FLUCHT → GAUDI (Spaß)

ZUGLEICH NUR AUFATMEN LAND

HULUL! MAUER FING TANZ DANCE → DANCE (Tanz)

A GERMAN LAUNE FUND ZU LICHT → FUND (fand)

ICH AUTATMEN ZUR LUNGE LAND

CUL FAZIT HANDLUNGEN MAUER → CUL (cool)

AUFATMEN ZU GRUENLICH LAND

TUERMST PALACE VON LEBENSGEFAHR → PALACE (Palast)

AU ANSCHLAG VON ELFTER SEPTEMBER

STEP L-BUS TRAGFLAECHEN MANOEVER → STEP (Schritt)

FLACHE VOGEL PASS TUERME BRANNTE

VOM RAECHEN SPRENGTE FATALE L-BUS → L-BUS (Luftbus)

ACTA EBEN HASSERFUELLT VORM PENG → ACTA (Akten)

VAETERCHEN BP ET ESS ANORMAL FLUG

EVTL GEBROCHENES PLENUM ARAFATS → PLENUM (Vollversammlung)

FLUG RECHTE AB VOM PALASTENENSER

UM GEFLECHT PALASTENENSER VORAB

STAHLBAUELEMENT GRAF OPEC NERVS → OPEC (Organisation erdöl-exportierender Länder)

ANFANGSTEMPO UEBERSCHALL TREVE → TREVE (drei)

VORHABE FASSTE TUERME CNALL PENG

O V AUFGEPRALLT – MENSCHEN STERBE

V LEUT FERNSEHN STEP CARAMBOLAGE → STEP (Schritt)

TURM PALACE EST VON LEBENSGEFAHR → EST (lat. ist)

VERNEBELT PHASEN CO GASE ARM LUFT

PA ERLAUBTE SCHLAGEN VOM FENSTER → PA (slowenisch – jedoch)

MENSCHE BETET AU SPRANGE VOR FALL

ABER AN FLUCHTTREPE MASSE VOL ENG → FLUCHTTREPE (Fluchttreppe)

VOM FERSE PLATTENBAU ERSCHLAGEN

ERSCHLAGENES FAMA BETON PULVERT → FAMA (span. Ruhm, Berühmtheit, Ruf)

GEBROCHENES SAMT FATALEN PULVER

ABMARSCH FEUERSTELLE PENTAGON V → V (römisch 5)

SENATOR VERMUTEN FAL PC GASHEBEL

PRESENT VOM FALLE BUSCH ET REAGAN → PRESENT (Geschenk)

SACHLAGE VON UNART SEPTEMBER ELF

TUCH VET ALLEEN OPFER MASSENGRAB

LEUTEN SPAETER VOM SCHLAF GARBEN

SCHLAFENT VON BERGES ALPTRAEUME

VORFAELLE UM GESPENST ANBRACHTE

LEB VOM CARE, PASSANTEN HELFER GUT → CARE (Pflege, Sorgfalt)

BRAVER EID SINK

ANDERS BREIVIK

DIR KEIN BRAVES

DER AN VIKS BREI

CHARLIE PASSAGEN → CHARLIE HEBDO CAARTOONS?

SAAL IN GESPRAECH

ANSCHLAEGE PARIS

ES GALA PANISCHER

GRAESSLICH APENA → A PENA (port. Wert), APENAR (spani. schmerzen)

PAA SARGS LEICHEN → PAA (PAH)

AG PERSISCH AALEN

SACHSPAREINLAGE

ES LIGA ANSPRACHE

GLEICH ARENA PASS

SCHLAG PAARES EIN

LANGFINGER UMS GW	→ LANGFINGER (Dieb, Räuber)
GW FIGUR'N MANGELS	→ FIGUR'N (Figuren)
GW UM FERNGLAS ING	
GW IM FERNGAS LUG'N	→ Gasaustritt im Cockpit (2012), LUG´N (LUGEN – ausschauen, blicken, spähen; LÜGEN – logen)
(A) LU WEGS FING GRAM	→ + (A), GRAM (nagender Kummer, tiefes Betrübtsein)
GW UNS ENG GAR FILM	
GW MIR ENGS ANFLUG	→ es wurden laut Zeugen wohl Kampfjets in der Gegend nahe der Unglücksstelle gesichtet
GRAM FLUGWEG SINN	
GW MAN FING GRUSEL	
RINGS MAN FLUGWEG	→ RINGS (ringsherum, rundum)
MAN WEGGING FLURS	→ MAN (Pilot)
GERMAN FLUG SWING	→ SWING (schwingen, schaukeln, schwenken)
GW M GRAUSIG FLENN	→ FLENN (flennen, weinen)

GW NUR AM FELS GING

GW GING NU RAM FELS

GW INS RUM FLAGGEN → schwarze Trauerschleife, Flaggen auf Halbmast

GW NUR FILM GESANG

N IM FERN GW GAGS (A) LU → + (A)

GW RUF M IN GALGENS → ein Verursacher war sehr schnell noch vor Abschluss der Untersuchungsergebnisse ausgemacht, was von vielen kritisiert wurde

GENF WURMIG SLANG → Flug sollte über Genf fliegen, Genf (190 km von der Unglücksstelle); aus CERN bei Genf gab es wohl am gleichen Tag eine Pressemitteilung wegen eines Kurzschlusses, welcher zum Thema von Verschwörungstheoretikern in Zusammenhang mit dem Absturz wurde

GW LU IM GENF SARGN

GW LEG UM, FRAG SINN

GERMAN WINGS FLUG
───────────────────────────

BUDE GEFRORENE GEN

FREUDE REGENBOGEN?

DERB FEE UNGEGOREN

FREUEN EGO BERGEND

BERGEND ENGERE UFO

EURE GENF BORG ENDE

BEFOERDERUNG GENE

O FREUDENBERG GENE

NEU GEBOREN FEDER G

NEU: DA LEGAL POKURVE	→ LEGAL (zugelassene)
GALA DOVER NEUE PULK	→ GALA (Veranstaltung), PULK (Menschenansammlung)
OP DU LUEG KARNEVALE	→ OP (OB), KARNEVALSUMZUG
LAGEPLAN DOKU REVUE	→ DOKU (Dokumentation)
VERANLAGE DOKU LUPE	
A DA VON LUPE KLUEGER	
U UKE PARADE ENG VOLL	→ UKE (GUCKE, SCHAUE)
UU PARKGELAENDE VOL	→ VOL (voll)
EDV POEKEL ANAL GURU	→ POEKEL (Salzlake), GURU (Lehrer, Anführer, schwer, gewichtig)
LUEGNER: „A DA PEU VOLK"	→ PEU (franz. nicht viel, wenig)
KO VANDALE, PUR LUEGE	→ Vandale (Randale) → erste Medienberichterstattung

VOR NEU KLAGE, DA LUPE

ANKLAGE DU. REVUE LO.P.: → DU (DUISBURG)

- GALA PUR DUENE VOLKE → PUR (rein)
- GALA VON PRUEDE ULKE → PRUEDE (scheinspröde, übertrieben sittsam)

- A DA NEU VOLK PRUEGEL
- DUENE GALA KO PULVER
- AU PULVER, ALK, VOEGELN
- PO GALA DUNKEL REVUE → REVUE (darstellende Veranstaltung)

- PUDELKURVE EGO ANAL
- D AN PO EKEL VULGAER → VULGÄR (rüpelhaft)
- ANALOGE PUDELKURVE → ANALOG (gleichartig, übereinstimmend)
- DA GRAUENVOLL KUPEE → KUPEE (franz. coupé – abgeschnitten, geschlossen)
- AU KUPEE DRANG VOLLE
- DU EULE VON PARKLAGE → EULE (haben Augen mit konvexer Linse)

- DA AUGENLUPE VOLKER → VOLKER = VÖLKER
- DA RAUPE, VOLKE LUNGE → LUNGE = ATEMORGAN
- AU ENDEN, RAUPE VOLL, KG → RAUPE (RAMPE?)
- UU DOV ENG PARKALLEE
- DU ER ANLAGEVOLK PEU → DU (Duisburg)
- PEU ULK VOR GALA ENDE → PEU (franz. nicht viel, wenig)
- PEU ULK VOR GALA EDEN

LOVEPARADE UNGLUEK

UNPARADE LOVEGLUEK

Wie schon in der Einleitung angekündigt, ist es mir schwer gefallen diese vorausgehenden Anagramme mit ins Buch hineinzunehmen, aber um zu überzeugen, halte ich es für notwendig, weil in den Zeilen eben Fakten erscheinen, die mit den Ereignissen in Verbindung stehen.

Das, was mir immer wieder von neuem Rätsel aufgibt ist, dass die Zeilen zueinander immer in einem sinnbringenden Kontext so und nicht anders erscheinen, eben nicht Geschichten zu anderen Themen erzeugen. Ich glaube an die Botschaften, die ich in den Anagrammen entdeckt habe. Zu Beginn waren es ja Anagramme, die mit Inhalten oder Werten zu tun hatten, wie das Frieden-Anagramm oder ähnliche, aber bei den Anagrammen zur Geschichte schwingt noch etwas anderes mit, und das ist die Zeit. Wie können die Anagramme schon Aussagen über Ereignisse offenbaren, die noch nicht stattgefunden haben, als Worte entstanden sind?

Dies lässt meines Erachtens zwei Schlüsse zu, (vielleicht sind aber noch andere denkbar), nämlich entweder so, dass alles schon feststand und geschrieben wurde oder, dass alles eine Wiederholung eines Zyklusses ist. Ich denke aber nicht, dass das Erscheinen der Anagramme mit dem Erscheinen der Sprache durch den Menschen zusammenhängt oder durch einen willkürlichen Zufall.

Sicher wäre es in diesem Zusammenhang spannend, der Frage nachzugehen, ob nicht etwa Nostradamus seine Prophezeiungen aus Anagrammen entnommen hat und seine Erkenntnisse in eigene Worte in seine Verse eingebracht hat. In seiner Biografie entdeckt man wohl sein Interesse für Anagramme. Außerdem erscheinen bei ihm Verszahlen. Kurioserweise habe ich selbst in meinen beiden Primzahlbüchern eine Art von Zahlen Verszahlen genannt. Und zwar all jene, die Produkt aus Primzahlen größer/gleich 7 sind. Also 49, 77, 91 usf.

Auf den Namen bin ich auf eine andere Art und Weise gekommen. Da diese Zahlen eben keine Primzahlen sind, dachte ich daran, dass sie diesen im Zahlenteppich gegenüber stehen. Das abgekürzte Wort „Vers" stammt daher von „Versus" also „gegen". An die Versform habe ich dabei nicht gedacht, aber vielleicht spielen die Verszahlen ja auch bei den Anagrammen eine Rolle. Zumindest hatten wir in dem Anagramm

ALLMAECHTIGE SCHOEPFER

ja auch die Zeile

HE ECHTE SCALA PRIMFOLGE.

Vielleicht gibt es da ja auch eine Verbindung, die noch zu entdecken wäre.

Der Rückblick in die Geschichte ist auf jeden Fall insofern wichtig, um zu lernen, nicht was passiert ist, sondern warum. Damit man erkennt, welche Fehler gemacht wurden und diese nicht wieder holt. Das gleiche gilt für das eigene Leben. Ich hatte ja schon gesagt, dass meines Erachtens alles miteinander verbunden ist und insofern hat auch alles seine Bedeutung. Jede Erfahrung, jeder Mensch, der dir begegnet, ist auf seine Weise Teil deiner Erfahrung und umgekehrt. Wenn du mal eine Liste machst, vielleicht mit den 1000 bis 5000 Menschen, die so in deinem Leben eine Rolle spielten und genau überlegst, was jeder einzelne dir auf den Weg mitgegeben hat, dann stellst du fest, dass es da zu jedem etwas mehr oder weniger Wesentliches zu entdecken gibt, dass dich geformt hat. Das kann nur eine kleine Mitteilung gewesen sein, die du aber in dein Leben übernommen hast. Es ist eine sehr spannende Aufgabe. In diesem Sinn sind sogar diese Menschen ein Intertext deines Selbst geworden und umgekehrt.

Hier mal ein Beispiel einer solchen Auflistung:

PERSON	SACHVERHALTE, die dich geformt haben
A	Sagt dir, dass für zwei ineinander Verliebte, gerade das Kennenlernen etwas sehr Schönes ist.
B	Nimmt dich mit zu einer Theateraufführung, die dich zu einer Erkenntnis bringt.
C	Du bist unterwegs und triffst C, ihr unterhaltet euch lange. Dadurch kommst du an deinem Zielort später an, aber auf dem weiteren Weg dahin, siehst du vielleicht E zum ersten Mal, ein Mensch, der in deinem weiteren Leben noch eine wichtige Rolle spielen wird.
D	Erzählt dir von einer unschönen Situation, die deshalb passiert ist, weil D das und das gemacht hat. Dies bewahrt dich davor, nicht auch in die gleiche Situation zu tappen, weil du die Verbindung zwischen Ursache und Wirkung in diesem Fall verstanden hast.

Gleiches erscheint mir auch für alle Zeichen, die du in der Außenwelt über deine Sinne aufnimmst, seien es Nachrichten, Bücher, Musik, Kunst, die Natur, alles formt deine Person. Und obwohl, das so ist, erscheint kurioserweise alles schon geschrieben, nur weißt du eben nicht, von welcher Seite du es betrachten möchtest. Ob von der irdischen oder von dem höheren weltlichen Sinn. Dieser lässt sich potentiell über die Anagramme erschließen. Wer du bist, erfährst du meines Erachtens in Anagrammen zu deinem Namen, Straßen, in denen du gelebt hast, Orte, die für dich wichtig waren, Erlebnisse, Arbeitsplätze, Hobbys, Geschichten oder Liedtexte, die du geschrieben hast usw.

Und wie ist das mit Namensvettern? Die sind doch nicht alle gleich, nur weil sie den gleichen Namen haben.

Nein, vielleicht haben diese ja einen zweiten Vornamen. Der Name allein ist vielleicht nur eine Grundvoraussetzung, die geschaffen wurde. Die weiteren Daten ergeben das Gesamtbild. Ich hab das mal für mich als Beispiel gemacht. Hier kommen also Anagramme meines Namens, Geburtsdatums und Straßen, in denen ich gelebt habe und weiteres, einige erscheinen recht witzig, andere passen tatsächlich zu meinem Lebensweg. Wenn ich hier in diesem Buch, dass ja, obwohl es mit der 2 zu 1 Relationstheorie begann, doch zunehmend Anagramm anhaftend wurde, dann passt das erste Anagramm, Name des Hospitals in dem ich geboren wurde, mit dem was ich hier mache. Aber auch andere decken sich kurioserweise mit dem, was ich hier in dem Buch mache. Schon krass, was da so alles erscheint, ob das wohl stimmt? Wäre schon krass.

DU DEN STIFT

DUDENSTIFT

DIENST DUFT

END IST DUFT

MAI HELLICHTE

MICHAEL THIEL

IHM ALL TEICHE

ICH MAL HIELTE

MICHAEL THIEL

IM HEIL LACHTE

ICH MALTE HEIL

HEILE AM LICHT

HEIMLICH ALTE

ICH TEILE MAHL

MEHL HIT ALICE

MAL ICH LEIHTE

EI HALTE MILCH

CHALET IM HEIL → CHALET (Landhaus)

HE EI ALMLICHT

HEIMATLICH EL

CHAT IM HEIL EL

EI HALT MICH EL

ICH HAMLET ELI

HEILE AMTLICH

ALLCHEMIE HIT

MICH HALT EILE

ICI HELL THEMA

MATHE ICI HELL

TEIL MACH HEIL

MAIL EHELICHT

DREIZEHNTER MAI

MIR HERZ DATEIEN

IM HERZ DATIEREN
___

IMMANUEL KANT STRASSE

ES KANN SALATES IM TURM

ES IST KANALNUMMER AST

ARTIKELSTAMM NUN ASSE

ES INS TALK UM RATSAMEN

ES TRAUT IM KLASSEMANN

MAI KLASSEMANN – ER TUTS → Mai geboren ☺

ES IST KAMERAMANN LUST → habe schon viele Filme gedreht ☺

ER IM ULKES STAATSMANN

KREISSAAL TUNS NAME MT → stimmt

ES IST KALT NAMENSRAUM

SAALES KAM INSTRUMENT

MAN MUSIKANT RASSELTE

MT KLASSEMANN AU STIER → Sternzeichen Stier

MT ALS SERUM KASTANIEN → bei meiner ersten OP (1979) habe ich in den ersten Sekunden während des Einschlafens von Kastanien geträumt

UNTERNIMMT SKALA ASSE

MT NA SUESST IN KARAMEL	
BERT BRECHT GYMNASIUM	
BABY SCHMIRTET GERN UM	→ der Wechsel von Grundschule zum Gymnasium ist mir echt schwer gefallen und ich habe viel Blödsinn gemacht ☺
ECHT STRENG UM MIR BABY	
UM ´CH ENGT IRRSTEM BABY	

ZEIL AM MAIN	
NAM MAI ZIEL	
LENDERICHSTRASSE	
STRASSE END REICH L	
ER LANDSTRICH ESSE	→ bin nach Essen gezogen
ERNSTERES SCHILDA	
ESSERN ERDACHT SIL	→ hatte eine Serie namens „Silhouette des Tunnels" (SDT) produziert
SERIE SDT RASCHELN	
DRESSIERST LACHEN	
DRESSIERST CHANEL	→ CHANEL (channel – Kanal)
IST SENDERS LACHER	
DER SCHALE ENTRISS	

RAD C STRESS HEILEN

DEN REIS SCHALTERS

DNS REISE SCHALTER

REISTES RASCHELND

LERNE DRASTISCHES

DRASTISCHER LESEN → Studium

ENDE RICH STRASSE L

MATHEMATIK → Primzahlenforschung

AKT IM THEMA

MI.T. KAM HATE

KAM HEIM TAT

ETHIK AM AMT

WINDFLUEGELWEG

WEILEND FLUGWEG

E MAIL GUCK MICH

MICH MAI GLUECK

MICHA IM GLUECK

MICH UM ALICE KG

UM IMAGE CHIC LK

UM MAGIE CHIC LK

ICH MAMI GLUECK

ICI KLUGEM CHAM → CHARME

GUC MIMIK; LACHE → GUC (Gucke, schau)

Acht Facts du ihn Name (siehe Seite 102/103)

THIEL

1. LEIHT (von verleihen)
2. LEIHT (LIGHT? = LICHT)
3. HEILT
4. HEIL T (Tee)
5. LIEHT (Lied?)
6. ~~LEITH (LEID)~~
7. TH(Z)IEL ?
8. TH(C) IEL – CIEL? = HIMMEL
9. HIELT (von halten)
10. THEIL (von teilen)
11. EILT(H)

Da Menschen mit gleichen Namen, welche die in gleichen Straßen gewohnt haben usw. verschiedene Persönlichkeiten entwickelt haben, muss man natürlich sehr intensiv schauen, sehr viele Anagramme zu seiner Person untersuchen, und sich ein Gesamtbild vom ganzen erstellen, um die Bedeutung dahinter zu verstehen. Doch manche haben mich echt verblüfft, da sie sehr passend sind. Irgendwie passt auch das Anagramm zu THIEL → HEIL T (Tee), was ich ja irgendwie hier in diesem Buch mache, weil hier immer wieder von dem Sich-Lösen von der zweiten Bedeutungskonstitution im Teekessel-Spiel die Rede ist.

Zum Schluss dieser Sendung möchte ich noch etwas zur Ahnentafel sagen, und dafür habe ich das Anagramm zu Stammbaum mitgebracht.

BAUMSTAMM

MAMA BUMST

STAMMBAUM

Ich selbst wurde von der Evolutionstheorie nie überzeugt. Meine Frage war immer, wo die Knochenfunde sind, die genau die jeweiligen Übergangsformen zwischen Affen und Mensch belegen? Für mich macht es mehr Sinn, dass wir so wie es in den Anagrammen erscheint und auch in der Schöpfungsgeschichte, von Gott direkt geschaffen wurden. Ich finde es schade, dass insbesondere die Naturwissenschaften eine schöpferische Kraft im Entdecken von Wissen ausschließen. Denn vielleicht kommt man in Bezug zu dieser Größe ja zu ganz anderen und gar besseren Ergebnissen. Ich verstehe aber auch die Motive, weil Gott eben nicht fassbar im Physischen Sinn ist.

Über das Stammbaum-Anagramm musste ich schon schmunzeln, aber der Punkt, warum wir uns vermehrt haben, stimmt. Dafür können wir all unseren Vorfahren danken. Unsere Mütter und Väter -Vorfahren haben sich sehr fleißig vermehrt, so dass wir bestimmte gleiche Vorfahrenteile schon rein rechnerisch gleich mehrfach in den Verästelungen unseres Stammbaums finden. Wenn du für jedes Jahrhundert etwa 4 Generationen an Vorfahren annimmst, dann bist du in 1000 Jahren schon bei 40 Generationen. Da für die Entstehung eines Menschen zwei Menschen notwendig sind, hatte man also vor 1000 Jahren 2^{40} Ur^{40}-Großmütter und Großväter. Und das sind 1.099.511.627.776 (eine Billion 99 Milliarden 511 Millionen 627 Tausend 776) Ur^{40} Großmütter und Großväter. Um die Anzahl aller Vorfahren bis 1000 n.Chr. zu ermitteln, müssen wir sogar noch alle Ur^{39} Ur^{38} Großeltern und so weiter dazu zählen. Gehen wir in die Zeit, in der Jesus lebte, wären wir schon bei über einer Quadrillion Ur^{80} Großeltern, nämlich 1.208.925.819.614.629.174.706.176. Selbst wenn wir davon ausgehen, zu jeder Generation, etwa 25 Jahre hätte es eine Bevölkerung von 8 Milliarden Menschen auf der Erde gegeben, dann hätten in den 2000 Jahren noch nicht mal eine Billion Menschen bisher auf der Erde gelebt. Abzüglich jener, die nie Kinder auf die Welt gesetzt haben, oder dessen Kinder keine Nachkommen hatten, dem Großteil, die in zwei, drei oder gar vier Generationen gelebt haben, sind es potentiell deutlich weniger, die als Erzeuger in Frage kommen. In einer Dokumentation habe ich mal gehört, dass die Zahl nur auf 100 Milliarden Menschen geschätzt werde. Aber selbst, wenn ich von einer Billion Menschen ausgehe, die rein rechnerisch eines jeden Vorfahren vor 2000 Jahren waren, dann erhalte ich für jeden einzelnen Vorfahren vor 2000 Jahren eine Billion. Dies heißt für mich, dass ein Mensch, der sich vor 2000 Jahren fortgepflanzt hat, und dessen Nachfahrenlinie nicht unterbrochen wurde, im Durchschnitt eine Billion -mal mit mir auf die ein oder andere Weise verwandt sein kann. Dies in den unterschiedlichsten Varianten, sowohl der väterlichen als auch der mütterlichen Linie folgend. Ein solcher kann z.B. 270.000-mal mein Ur^{80}-Großvater väterlicherseits sein und zugleich 100.000-mal mal mein Ur^{75}-Großvater mütterlicherseits. Gleiches gilt auch für alle anderen, die dort gelebt und sich bis in die heutige Zeit vermehrt haben. Gilt dies z.B. für eine Frau, die die Kreuzigung von Jesus beobachtet hat, dann können wir mit großer Gewissheit davon ausgehen, dass sie mit jedem einzelnen Menschen auf diesem Planeten verwandt ist. Oft wird ja von Ausländern, oder Leuten mit Migrationshintergrund gesprochen. Doch den Migrationshintergrund haben wir alle, nicht nur einfach, zweifach, sondern millionenfach, je weiter wir zurück in die Geschichte gehen. Jeder hat in seinem Stammbaum eine kaum vorstellbare Verästelung. Ich finde das sehr spannend und würde gern wissen, wie und mit wem ich auf welche Weise verwandt bin, aber ich glaube schon, dass jeder mit jedem auf die ein oder andere Weise verwandt ist, je weiter man in die Geschichte zurückgeht. Potentiell sogar mit jedem Ureinwohner einer abgelegenen Insel, auch wenn ich dies hier und heute nicht belegen könnte. Bis zum nächsten Mal.

Bist du gespannt, wie es weitergeht? In Band B der 2 zu 1 – Relationstheorie befasse ich mich mit den Themen Liebe, Semiotik, Rätsel und Mystisches, Kunst, Mathematik, Naturwissenschaften, Gesellschaftswissenschaften und vielem mehr. Kuriose Ideen und Erkenntnisse warten auf dich und natürlich auch weitere verblüffende Anagramme. Alles Gute für dich ☺

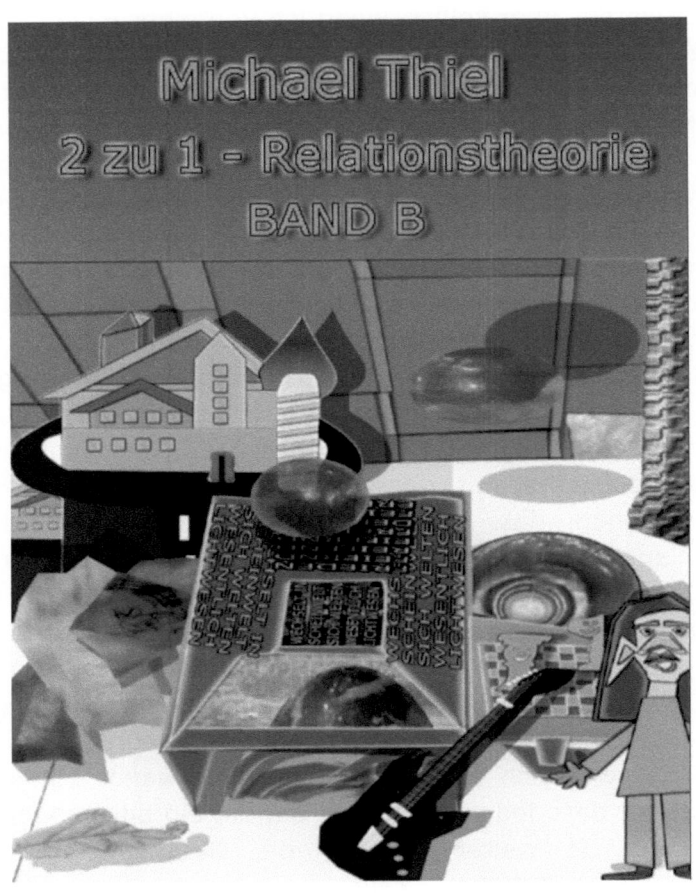

BÜCHER VON MICHAEL THIEL:

Herstellung und Verlag:
BoD - Books on Demand, Norderstedt
ISBN 978-3-7386-2037-5